# 덕질

# 한국어

박혜경, 김경지

한글파크

# 들어가는 말

K-pop이나 드라마가 해외에서 큰 인기를 끌면서 한국 스타를 좋아하는 외국인 팬도 증가하고 있습니다. 좋아하는 스타가 생기면 관심을 가지는 데서 그치는 것이 아니라 보다 적극적으로 마음을 표현하고 싶어지기 마련입니다. 그러나 팬카페나 팬클럽의 활동이 주로 한국을 중심으로 이루어지다 보니 해외 팬들은 소외될 수밖에 없습니다. 저희 역시 어느 스타의 팬이 되어 소위 '덕질'을 하는 중에 많은 외국인 팬들이 구글 번역이나 파파고 등의 기계 번역 서비스를 동원해 가며 발을 동동거리는 모습을 자주 목격했습니다.

현장에서 한국어를 가르치는 교사로서 해외 팬들이 겪고 있는 어려움을 그냥 지나칠 수 없었습니다. 그래서 팬 카페 가입부터 서포트 활동까지 어떤 과정과 방법이 있는지 알기 쉽게 안내하는 동시에, 팬 활동에 참여하기에 앞서 예행연습을 해 볼 수 있도록 과제(task) 중심의 한국어 교재를 펴내게 되었습니다. 저희가 직접 경험한 덕질의 모든 것을 담아 다양한 사례를 바탕으로 구성했기 때문에 매우 실제적인 덕질 안내서라고 자부합니다.

이 책은 중급 이상의 학습자라면 편안하게 볼 수 있습니다. 그러나 과제를 수행하기 위한 준비 단계부터 천천히 따라간다면 초급 수준의 학습자들도 활용할 수 있을 것입니다. 부디 이 책이 한국 스타를 사랑하는 많은 해외 팬들에게 도움이 되기를 바라며 여러분의 행복한 덕질을 응원하겠습니다.

언제나 저를 응원하고 믿어 주는
우리 가족에게 감사와 사랑의
마음을 전합니다. 또 저의 어설픈
덕질에 동행해 준 쑤니 언니에게도
고마움을 표합니다.

올해로 덕질 11년, 매 순간이 잊을 수 없는
소중한 추억이기에 무척 행복했습니다.
제 덕질의 시작이자 마지막인 배우
이진욱님께 진심으로 감사드립니다.

마지막으로 『덕질 한국어』를 이렇게 멋진 책으로 완성해 주신 김아영 선생님을
비롯한 한글파크 관계자분들과 장우주 삽화가께도 깊은 감사를 드립니다.

**박혜경, 김경지**

# 이 책의 특징

『덕질 한국어』는 한국의 팬 문화에 익숙하지 않은 외국인 팬을 위한 책입니다. 이 책에서는 본격적인 덕질에 앞서 실전에 대비할 수 있도록 단계별 연습과 과제를 제시했습니다. 총 4개의 단원으로 구성했으며 한 단원을 4개의 과로 구분했습니다. 각 과는 과제 수행 전 단계인 STEP 1 STEP 2 STEP 3 그리고 적용 단계인 과제 , 어휘 , 덕질 가이드 순으로 배치했습니다.

STEP 1 STEP 2 STEP 3 는 과제를 수행하기 위한 준비 과정에 해당합니다. 먼저 과제를 수행하는 데 필요한 정보나 노하우 등을 소개한 후, 이를 적용해 볼 수 있는 다양한 활동을 제시했습니다.

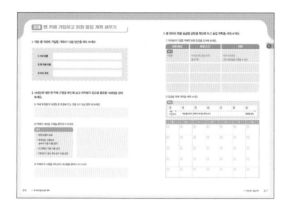

**과제** 는 각 과의 최종 도달 목표로
서 앞 단계에서 배운 내용을 종합하여
수행할 수 있도록 조직했습니다. 특히
현장 적용성이 높은 과제들로 구성해
서 외국인 팬들의 성공적인 팬 활동을
돕고자 했습니다.

**어휘** 에서는 그 단원에서 사용된
어휘의 뜻을 직접 찾아서 익히고, 문제
를 통해 배운 어휘를 연습해 볼 수 있
도록 했습니다. 또한 어휘의 사용 맥락
을 보여 주기 위해 주제와 관련된 실제
장면이나 자료를 제시했습니다.

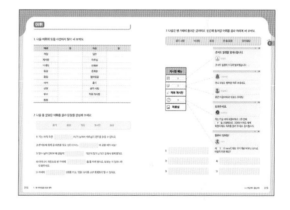

**덕질 가이드** 에서는 슬기로운 팬 활동을 위해 알아 두면
좋을 요령이나 주의 사항 등을 다루었습니다. 잘 숙지해 두면
덕질을 하면서 만나게 될 다양한 상황에 대비하거나 난관을
극복하는 데 도움이 될 것입니다.

| Unit | Class | step1 | step2 |
|------|-------|-------|-------|
| Ⅰ. 팬 카페 활동 완전 정복 Comprehensive Guide to Fan Cafe Participation | 1과 가입부터 등업까지 From signing up to level up | 한글로 나만의 독특한 닉네임 만들기 Create a unique nickname in Korean | 회원 등급 알아보기 Discovering Membership Tiers |
| | 2과 공지 사항 이해 완료 Fully understanding announcements | 행사 공지 읽고 이해하기 Grasping Event Announcements | 주의 사항 읽고 이해하기 Understanding the Precautions |
| | 3과 게시판마다 발 도장 쾅! Stamping every board! | 가입 인사 쓰기 Penning a Welcome Post | 자유 게시판에 글쓰기 Contributing to the General Discussion Board |
| | 4과 나는 댓글 왕 Becoming a Comment Maestro | 신입 회원에게 인사하기 Welcoming New Members | 공감하는 댓글 쓰기 Writing empathetic comments |
| Ⅱ. 소속사가 궁금해요? 궁금하면 홈페이지로! Want to Know More about the Agency? Head to Their Website! | 5과 내 스타의 소속사는 어디? Identifying my Star's Agency | 소속사 홈페이지 둘러보기 Exploring the Agency's Homepage | 내 스타와 가장 가까운 사람 알아보기 Getting to know the closest person to my star |
| | 6과 사랑 가득 팬레터를 보내요 Sending a Love-Filled Fan Letter | 첫머리 쓰기 Writing the Introduction | 본문 쓰기 Composing the Main Body |
| | 7과 제 선물 전해 주실 거죠? You'll Deliver My Gift, Right? | 소포 보내기 Sending a Package | 주소 쓰기 Writing the Address |
| | 8과 소속사의 SNS 활동 Agency's Social Media Activities | SNS 용어 이해하기 Understanding Social Media Terminology | SNS 이벤트 참여하기 Participating in Social Media Events |
| Ⅲ. 행사는 갈까 말까 고민 말고 가자! Don't Hesitate; Let's Attend the Event! | 9과 생일 카페에서 즐기는 하루 A Day Enjoyed at a Birthday Cafe | 일정과 장소 확인하기 Checking the Schedule and Location | 생일 카페에서 추억 남기기 Making Memories at the Birthday Cafe |
| | 10과 무대 인사에서 스타의 실물을 본다면? Seeing the Star in Person During the Stage Greeting | 무대 인사 일정, 누구보다 빨리 알기 Getting the Stage Greeting Schedule Before Anyone Else | 1열 중앙 자리 티켓 차지하기 Securing a Ticket for the Center Seat in the Front Row |
| | 11과 팬 미팅에서 만나요! Meet at the Fan Meeting! | 궁금한 점 미리 올리기 Posting Questions in Advance | 팬과 함께하는 무대에 참여하기 Participating on Stage with Other Fans |
| | 12과 콘서트 100배 즐기는 방법 Ways to Enjoy the Concert 100 Times More | 예매 정보 확인하기 Checking Reservation Information | 응원 구호 익히기 Learning the Fan Chants |
| Ⅳ. 내 스타를 위한 서포트, 어디까지 해 봤니? How Far Have You Gone in Supporting Your Star? | 13과 어디든지 달려가는 커피차 & 분식차 Rushing Everywhere with the Coffee Truck & Snack Truck | 서포트 메뉴 알아보기 Exploring the Support Menu | 소속사에 이메일 보내기 Emailing the Agency |
| | 14과 으쌰! 으쌰! 봉사 활동 Let's Go! Let's Go! Volunteer Activities | 따뜻한 밥 한 끼 대접하기 Serving a Warm Meal | 사랑의 빵 만들기 Baking Bread with Love |
| | 15과 기념일 축하! 축하! Celebrating Anniversaries! | 화환으로 행사 빛내기 Lighting up the Event with Floral Arrangements | 공개적인 광고로 축하하기 Celebrating with Public Advertisements |
| | 16과 나만의 굿즈를 만들어요 Creating My Own Merchandise | 다양한 굿즈의 세계로 들어가기 Entering the World of Diverse Merchandise | 현장에서 인기 있는 굿즈 알아보기 Discovering Popular Merchandise On-site |

| step3 | Task | Vocabulary | fandom activities |
|---|---|---|---|
| 게시판 종류 알아보기<br>Getting to Know the Different Boards | 팬 카페 가입하고<br>회원 등업 계획 세우기<br>Joining a Fan Cafe and Strategizing Membership Progression | 팬 카페 활동 관련 어휘<br>Vocabulary for Fan Cafe Activities | 팬 카페와 덕질의 상관관계<br>Exploring the Connection between Fan Cafes and Fandom |
| 투표 공지 읽고 참여하기<br>Engaging in Voting Announcements | 공지 내용 이해하고 수행하기<br>Comprehending and Acting on Announcement Content | 공지 사항 관련 어휘<br>Vocabulary Announcements | 공지 사항, 놓치지 않을 거예요<br>Never Missing an Announcement |
| 후기 쓰기<br>Writing a review | 내 스타에게 편지 남기기<br>Leaving a letter for my star | 게시판 관련 어휘<br>Bulletin board vocabulary | 팬 카페 게시판 완벽 적응하기<br>Perfectly adapting to fan cafe boards |
| 댓글로 이벤트 참여하기<br>Participating in events through comments | 다양한 유형의 댓글 남기기<br>Leaving various types of comments | 댓글 관련 어휘<br>Comment-related vocabulary | 댓글로 소통 왕 되기<br>Becoming a communication king through comments |
| 소속사 공지 사항 이해하기<br>Understanding the agency's announcements | 소속사 위치로 서울 지리 익히기<br>Learning Seoul's geography through the agency's location | 소속사 정보 관련 어휘<br>Vocabulary related to agency information | 소속사에서 만든 공간 투어<br>Touring spaces created by the agency |
| 끝맺음 쓰기<br>Penning the Conclusion | 내 스타에게 팬레터 쓰기<br>Crafting a Fan Letter for My Star | 편지 관련 어휘<br>Letter-Writing Vocabulary | 손 편지, 생각보다 어렵지 않아요<br>Handwritten Letters: Easier Than You'd Think |
| 선물하기 좋은 품목 알아보기<br>Identifying Ideal Gift Items | 내 스타에게 선물 보내기<br>Gifting My Star | 선물 관련 어휘<br>Gift-Related Vocabulary | 이런 선물은 주의해서 보내세요<br>Exercise Caution When Sending Such Gifts |
| SNS 이벤트 당첨 알아보기<br>Discovering Social Media Event Winners | 스타의 소속사 SNS 둘러보고 댓글 남기기<br>Exploring the Star's Agency's Social Media and Commenting) | SNS 관련 어휘<br>Social Media Related Vocabulary | SNS 사칭 계정 조심하세요!<br>Beware of Imitation Social Media Accounts! |
| 개인 굿즈 나눠 주기<br>Sharing Personal Merchandise | SNS에 생일 카페 방문 후기 올리기<br>Posting a Review of the Birthday Cafe on Social Media | 생일 카페 관련 어휘<br>Birthday Cafe-Related Vocabulary | 특전 보관 노하우<br>Tips for Storing Special Gifts |
| 기억에 남는 선물 준비하기<br>Preparing a Memorable Gift | 무대 인사 동행 일정 짜기<br>Make a Schedule to Participate in All The Stage Greeting Events | 무대 인사 관련 어휘<br>Stage Greeting-Related Vocabulary | 내 스타를 볼 수 있는 영화 행사는?<br>Other Film Events Where You Can See Your Star? |
| 퇴근길 배웅하기<br>Seeing the Star Off After Work | 팬 미팅에서 내 스타 만날 준비하기<br>Preparing to Meet My Star at the Fan Meeting | 팬 미팅 관련 어휘<br>Fan Meeting-Related Vocabulary | 덕메들의 수다<br>Chit-chat Among Fans |
| 티켓 현장 수령하기<br>Collecting Tickets on Site | 콘서트 가기 전 예행연습하기<br>Rehearsing Before Attending the Concert | 콘서트 관람 관련 어휘<br>Concert Viewing-Related Vocabulary | 치열한 티케팅 성공하기<br>Successfully Battling for Tickets |
| 업체에 문의하기<br>Inquiring with Vendors | 내 스타를 위한 커피차 & 분식차 보내기<br>Sending a Coffee Truck & Snack Truck for My Star | 현장 서포트 관련 어휘<br>On-site Support Related Vocabulary | 커피차 & 분식차로 서포트하기<br>Supporting with Coffee & Snack Trucks |
| 겨울 봉사의 꽃! 연탄 나르기<br>The Flower of Winter Volunteering! Delivering Coal Briquettes | 내 스타의 이름으로 따뜻한 사랑 전하기<br>Sending Warm Love in the Name of My Star | 봉사 활동 관련 어휘<br>Volunteer Activity-Related Vocabulary | 스타의 이름으로 전하는 선한 영향력1<br>The Positive Influence Delivered in the Star's Name - Part 1 |
| 기부로 축하하기<br>Celebrating by Making a Donation | 내 스타의 기념일 준비하기<br>Preparing for My Star's Anniversary | 기념일 관련 어휘<br>Anniversary-Related Vocabulary | 스타의 이름으로 전하는 선한 영향력2<br>The Positive Influence Delivered in the Star's Name - Part 2 |
| 굿즈 제작부터 완성까지 경험하기<br>Experiencing from goods Production to Completion | 나만의 독특한 굿즈 만들기<br>Creating My Unique Merchandise | 굿즈 관련 어휘<br>Merchandise-Related Vocabulary | 내 손으로 만드는 굿즈<br>Merchandise Made by My Hands |

# 목차

## PART I 팬 카페 활동 완전 정복

## PART II 소속사가 궁금해요? 궁금하면 홈페이지로!

# 팬 카페 활동
# 완전 정복

덕질의 시작은 팬 카페 가입이죠!

여러분도 팬 카페에 가입하고 본격적으로 여러분의 스타를 위한 활동을 시작해 볼까요?

## 1과 가입부터 등업까지

**STEP 1**  한글로 나만의 독특한 닉네임 만들기

1. 팬 카페에 가입할 때 다음 양식을 완성해야 해요. 어떤 내용을 써야 하는지 살펴보세요.

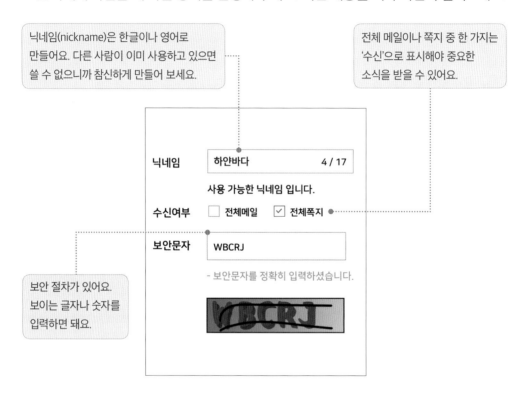

닉네임(nickname)은 한글이나 영어로 만들어요. 다른 사람이 이미 사용하고 있으면 쓸 수 없으니까 참신하게 만들어 보세요.

전체 메일이나 쪽지 중 한 가지는 '수신'으로 표시해야 중요한 소식을 받을 수 있어요.

| 닉네임 | 하얀바다 | 4 / 17 |

사용 가능한 닉네임 입니다.

수신여부  ☐ 전체메일  ☑ 전체쪽지

보안문자  WBCRJ

- 보안문자를 정확히 입력하셨습니다.

보안 절차가 있어요. 보이는 글자나 숫자를 입력하면 돼요.

2. 여러분은 어떤 닉네임으로 활동하고 싶어요? 닉네임을 한글로 만들어 보세요.

  1) 닉네임에 꼭 들어갔으면 하는 단어가 있어요? 생각나는 대로 써 보세요.

  2) 위에 쓴 단어 중에서 마음에 드는 단어를 사용해서 여러 개의 닉네임을 만들어 보세요.

회원 등급 알아보기

1. 팬 카페에는 회원 등급이 있어요. 회원 등급과 자격 조건에 대해 살펴보세요.

| 예시 1 |
| --- |
| **새싹 회원**: 새로 가입한 회원 |
| **일반 회원**: 게시글 3개, 댓글 10개, 출석 10회 |
| **우수 회원**: 게시글 10개, 댓글 50개, 출석 40회 |

| 예시 2 |
| --- |
| **손님**: 새로 가입한 회원 |
| **준회원**: 게시글 10개, 댓글 20개, 방문 20일 |
| **정회원**: 게시글 20개, 댓글 40개, 방문 30일 |
| **VIP회원**: 게시글 50개, 댓글 100개, 방문 100일 |

회원 등급은 카페마다 다르지만 보통 2개에서 5개 등급으로 나뉘어 있어요. 회원 등급이 높아지면 권한이 많아지니까 최고 등급의 회원이 되도록 노력해 보세요.

2. 여러분이 가입하려는 팬 카페의 회원 등급은 어떻게 되어 있어요? 회원 등급을 높이려면 어떤 노력을 해야 돼요?

1) 회원 등급을 찾아서 써 보세요.　　　　2) 어떻게 하면 등업*을 할 수 있어요?

**1단계** _____ : _____

**2단계** _____ : _____

**3단계** _____ : _____

**4단계** _____ : _____

*등업: 등급+업(up)에서 나온 말로 등급을 올린다는 의미예요.

1. 팬 카페에는 여러 게시판이 있어요. 게시판의 이름과 기능을 살펴보세요.

카페 운영진이 새 소식이나
안내 사항 등을 올려요.

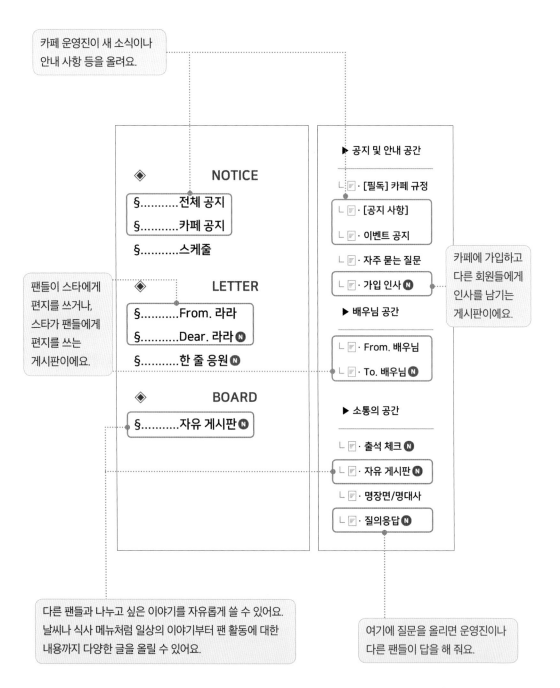

◈          NOTICE
§..........전체 공지
§..........카페 공지
§..........스케줄

팬들이 스타에게
편지를 쓰거나,
스타가 팬들에게
편지를 쓰는
게시판이에요.

◈          LETTER
§..........From. 라라
§..........Dear. 라라 Ⓝ
§..........한 줄 응원 Ⓝ

◈          BOARD
§..........자유 게시판 Ⓝ

▶ 공지 및 안내 공간
└ 📄 · [필독] 카페 규정
└ 📄 · [공지 사항]
└ 📄 · 이벤트 공지
└ 📄 · 자주 묻는 질문
└ 📄 · 가입 인사 Ⓝ

카페에 가입하고
다른 회원들에게
인사를 남기는
게시판이에요.

▶ 배우님 공간
└ 📄 · From. 배우님
└ 📄 · To. 배우님 Ⓝ

▶ 소통의 공간
└ 📄 · 출석 체크 Ⓝ
└ 📄 · 자유 게시판 Ⓝ
└ 📄 · 명장면/명대사
└ 📄 · 질의응답 Ⓝ

다른 팬들과 나누고 싶은 이야기를 자유롭게 쓸 수 있어요.
날씨나 식사 메뉴처럼 일상의 이야기부터 팬 활동에 대한
내용까지 다양한 글을 올릴 수 있어요.

여기에 질문을 올리면 운영진이나
다른 팬들이 답을 해 줘요.

**2. 다음 글은 어느 게시판에 있는 글일까요? 연결해 보세요.**

안녕하세요? 반갑습니다.
오늘 가입했어요. 앞으로 열심히 활동할게요.          •                    •    공지 사항

9월 콘서트의
티켓 판매는 언제 시작되나요?                      •                    •    가입 인사

회원 여러분, 안녕하세요.
게시판 이용 방법을 안내해 드리겠습니다.          •                    •    자유 게시판

오늘은 집에서 드라마 OST만 하루 종일
들었어요. 드라마 장면이 떠올라서 행복했어요.     •                    •    질의응답

**3. 여러분이 가입하려는 팬 카페 게시판은 어떻게 구성되어 있어요?**

1) 게시판 이름을 모두 써 보세요.

2) 앞으로 어떤 게시판을 자주 이용할 것 같아요? 자주 이용할 것 같은 게시판 3개를 순서대로 써
   보세요.

## 과제 팬 카페 가입하고 회원 등업 계획 세우기

1. 어떤 팬 카페에 가입할 거예요? 다음 빈칸을 채워 보세요.

> **1) 스타 이름**
>
> **2) 팬 카페 이름**
>
> **3) URL 주소**

2. 닉네임에 대한 팬 카페 규정을 확인해 보고 여러분이 앞으로 활동할 닉네임을 정해 보세요.

1) 카페 회원들의 닉네임 중 마음에 드는 것을 3개 이상 골라 써 보세요.

2) 카페의 닉네임 규정을 찾아서 써 보세요.

**예시**
- 한글 6글자 이내
- 배우님의 이름이나 소속사 이름 사용 금지
- 타 연예인 이름 사용 금지
- 띄어쓰기, 숫자, 특수 문자 사용 금지

3) 카페에서 사용할 여러분의 닉네임을 정해서 써 보세요.

3. 팬 카페의 회원 등급별 권한을 확인해 보고 등업 계획을 세워 보세요.

1) 여러분이 가입할 카페의 회원 등급을 조사해 보세요.

| 회원 등급 | 등업 조건 | 권한 |
|---|---|---|
| 예시<br><br>준회원 | 게시글 7개, 댓글 10개,<br>출석 7회 | 자유 게시판과<br>사진 자료실을 이용할 수 있다. |
|  |  |  |
|  |  |  |
|  |  |  |

2) 등업을 위해 계획을 세워 보세요.

예시

| 3 | 4 | 5 | 6 | 7 | 8 | 9 |
|---|---|---|---|---|---|---|
| 가입,<br>가입 인사 | 매일 출석하기, 하루에 게시글 1개씩 쓰기 |  |  |  |  | 준회원 등업 |

| 월 | 화 | 수 | 목 | 금 | 토 | 일 |
|---|---|---|---|---|---|---|
|  |  |  |  |  |  |  |
|  |  |  |  |  |  |  |
|  |  |  |  |  |  |  |
|  |  |  |  |  |  |  |
|  |  |  |  |  |  |  |

1. 다음 어휘의 뜻을 사전에서 찾아 써 보세요.

| 어휘 | 뜻 | 어휘 | 뜻 |
|---|---|---|---|
| 가입 | | 일반 | |
| 게시판 | | 자료실 | |
| 닉네임 | | 정회원 | |
| 등급 | | 준회원 | |
| 등업 | | 질의응답 | |
| 새싹 | | 출석 | |
| 신청 | | 공지 사항 | |
| 우수 | | 자유 게시판 | |
| 응원 | | | |

2. 다음 중 알맞은 어휘를 골라 문장을 완성해 보세요.

> 출석     응원     가입     게시판     등급

1) 저는 아직 회원 _____ 이/가 낮아서 배우님의 편지를 읽을 수 없어요.

2) 콘서트에 함께 갈 회원을 찾고 싶은데 어느 _____ 에 글을 써야 돼요?

3) 민수 님이 인터뷰 때 팬들의 _____ 덕분에 힘이 난다고 말해서 행복했어요.

4) 태어나서 처음으로 팬 카페에 _____ 을/를 하게 됐어요. 모르는 게 많으니까 도와주세요.

5) 카페에 _____ 5회를 하고, 댓글 10개를 쓰면 준회원이 될 수 있어요.

3. 다음은 팬 카페에 올라온 글이에요. 빈칸에 들어갈 어휘를 골라 아래에 써 보세요.

| 공지 사항 | 닉네임 | 등업 | 한 줄 응원 | 질의응답 |

**콘서트 일정을 알려드립니다.**

👤 운영자

콘서트 일정이 드디어 발표됐습니다. ....

---

**게시판 메뉴**

📋 ( 1) )

✓ ( 2) )

✎ 자유 게시판

❓ ( 3) )

🖼 자료실

---

👩 나의사랑

언니 오늘도 행복한 하루 보내세요.

👨 하늘바다

좋은 아침이에요! 오늘도 파이팅~

---

**도와주세요.**

👩 지구최고

저는 지금 새싹 회원이에요. 2주 전에
( 4) )을 신청했어요. 그런데 아직도 새싹
회원이에요. 이유를 알려 주세요. 감사합니다.

---

**질문이 있어요!**

👨 nana

제 ( 5) )이 nana인데요. 무지개로 바꾸고 싶어요.
어떻게 하면 돼요?

1) _____

2) _____

3) _____

4) _____

5) _____

## 덕질 가이드   팬 카페와 덕질의 상관관계

팬 카페는 배우나 가수 등 연예인을 좋아하는 사람들이 만들어 놓은 온라인 공간이에요. 한국에서는 네이버(Naver)와 다음(Daum)과 같은 포털 사이트에서 운영하는 팬 카페가 대표적이랍니다.

팬 카페에 가입하면 자신이 좋아하는 스타에 대한 새로운 소식과 지금까지의 필모그래피 정보를 접할 수 있고 서포트나 이벤트에도 참여할 수 있어요. 무엇보다 자신과 같은 스타를 좋아하는 사람들과 교류할 수 있어서 좋아요.

자, 모두 팬 카페 가입에 성공하셨나요? 그러면 지금부터 즐거운 덕질을 시작해 보세요!

메모

## STEP 1 행사 공지 읽고 이해하기

1. 팬 카페에서는 스타와 관련된 행사가 있을 때 공지를 해요. 어떤 내용이 있는지 살펴보세요.

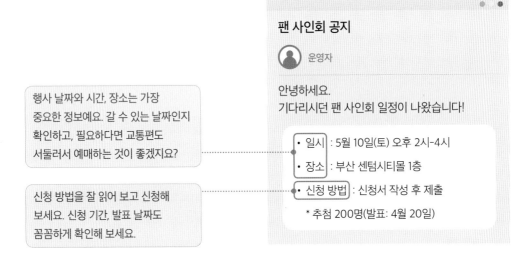

**팬 사인회 공지**

운영자

안녕하세요.
기다리시던 팬 사인회 일정이 나왔습니다!

> 행사 날짜와 시간, 장소는 가장 중요한 정보예요. 갈 수 있는 날짜인지 확인하고, 필요하다면 교통편도 서둘러서 예매하는 것이 좋겠지요?

- 일시 : 5월 10일(토) 오후 2시-4시
- 장소 : 부산 센텀시티몰 1층
- 신청 방법 : 신청서 작성 후 제출
  * 추첨 200명(발표: 4월 20일)

> 신청 방법을 잘 읽어 보고 신청해 보세요. 신청 기간, 발표 날짜도 꼼꼼하게 확인해 보세요.

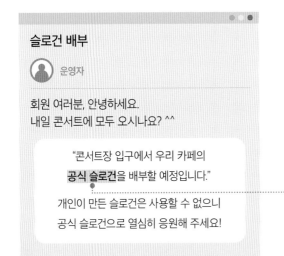

**슬로건 배부**

운영자

회원 여러분, 안녕하세요.
내일 콘서트에 모두 오시나요? ^^

> "콘서트장 입구에서 우리 카페의 **공식 슬로건**을 배부할 예정입니다."
> 개인이 만든 슬로건은 사용할 수 없으니 공식 슬로건으로 열심히 응원해 주세요!

> 슬로건을 개인이 각자 준비하는 경우도 있지만 공식 슬로건이 정해져 있는 경우가 더 많아요. 콘서트 입장 전에 공식 슬로건을 챙겨서 여러분의 스타를 응원해 보세요.

2. 다음 중 위의 공지 사항을 잘못 이해한 사람을 골라 보세요.

　① 미나: 팬 사인회 신청서를 작성해서 제출했어요.

　② 끼엣: 콘서트에 가져가려고 직접 슬로건을 만들었어요.

　③ 나탈리아: 콘서트장에 들어가기 전에 슬로건부터 받을 거예요.

　④ 장웨이: 팬 사인회에 가려고 5월 10일 부산행 기차표를 예매했어요.

3. 여러분이 가입한 팬 카페에 가장 최근에 올라온 행사 관련 공지를 읽고 중요한 내용을 메모해 보세요.

　행사명

　일시

　장소

　★ 중요한 사항

1. 팬 카페 활동이나 팬 활동을 하면서 주의해야 될 점이 많아요. 어떤 주의 사항이 있는지 살펴보세요.

### 카페 규정

 운영자

**카페 규정**입니다. 잘 지켜 주세요 :)

> 팬 카페마다 규정이 조금씩 다르기 때문에 여러분이 가입한 카페에는 어떤 규정이 있는지 잘 읽어 봐야 돼요.

1. **닉네임**
   · 닉네임에 이모티콘, 띄어쓰기는 안 됩니다.
   · 배우님 이름으로만 만들면 안 됩니다.
     (배우님 이름+러브, 바라기 등은 가능)

2. **프로필 사진**
   우리 배우님 사진만 올릴 수 있어요.
   (본인 사진, 타 연예인 사진 금지)

3. **출처**
   · 사진이나 영상의 출처를 꼭 써 주세요.
   · 본인이 찍은 사진은 '본인 촬영'이라고
     써 주세요.

4. **게시글**
   · 모든 게시글은 2줄 이상 써 주세요.

### 공연 후 에티켓

 운영자

여러분, 모두 기억하시지요?

> **퇴근길** 기다리지 마세요.

공연 끝나고 모두 집으로 바로바로 돌아가세요~

> 스타가 그날의 활동을 마치고 돌아가는 길을 '퇴근길'이라고 해요. 반대로 그날의 활동을 위해 출근하는 길을 '출근길'이라고 해요. 공식 '출근길'이나 '퇴근길' 행사가 아니라면 그 앞에서 기다리지 않는 것이 스타에 대한 예의랍니다.

2. 여러분이 가입하려는 팬 카페에는 다음 항목에 대해 어떤 주의 사항이 올라와 있는지 메모해 보세요. 그 외에 어떤 주의 사항이 있는지 써 보세요.

닉네임

프로필 사진

출처

게시글

출근길/ 퇴근길

배우님/가수님 호칭

기타

**투표 공지 읽고 참여하기**

1. 팬 카페에서 회원들의 의견을 듣기 위해 투표를 할 때가 있어요. 투표 주제와 투표
   결과를 살펴보세요.

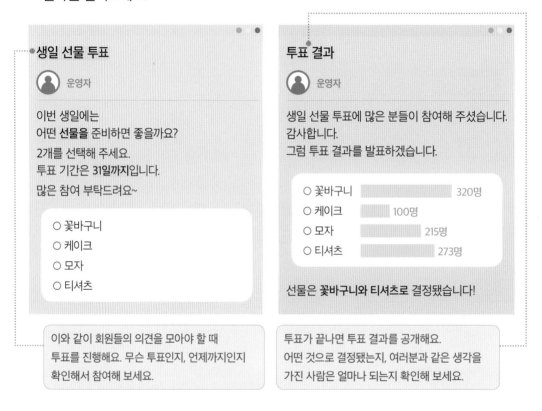

생일 선물 투표

👤 운영자

이번 생일에는
어떤 **선물**을 준비하면 좋을까요?
2개를 선택해 주세요.
투표 기간은 **31일**까지입니다.
많은 참여 부탁드려요~

　　○ 꽃바구니
　　○ 케이크
　　○ 모자
　　○ 티셔츠

이와 같이 회원들의 의견을 모아야 할 때
투표를 진행해요. 무슨 투표인지, 언제까지인지
확인해서 참여해 보세요.

투표 결과

👤 운영자

생일 선물 투표에 많은 분들이 참여해 주셨습니다.
감사합니다.
그럼 투표 결과를 발표하겠습니다.

　　○ 꽃바구니 ▨▨▨▨▨▨ 320명
　　○ 케이크 ▨▨ 100명
　　○ 모자 ▨▨▨▨ 215명
　　○ 티셔츠 ▨▨▨▨▨ 273명

선물은 **꽃바구니**와 **티셔츠**로 결정됐습니다!

투표가 끝나면 투표 결과를 공개해요.
어떤 것으로 결정됐는지, 여러분과 같은 생각을
가진 사람은 얼마나 되는지 확인해 보세요.

2. 지금 팬 카페에서 진행되고 있는 투표가 있어요? 무엇에 대한 투표인지 쓰고 여러분이
   선택하고 싶은 것을 골라 보세요.

**진행 중인 투표는?**

　　<예시> 생일 선물, 굿즈 품목, 팬 애칭,
　　　　　 슬로건 디자인, 슬로건 문구

**나의 선택은?**

# 과제 공지 내용 이해하고 수행하기

1. 다음 공지 사항을 잘 읽어 보세요. 어떤 댓글을 달고 싶어요? <예시>를 참고하여
   댓글을 달아 보세요.

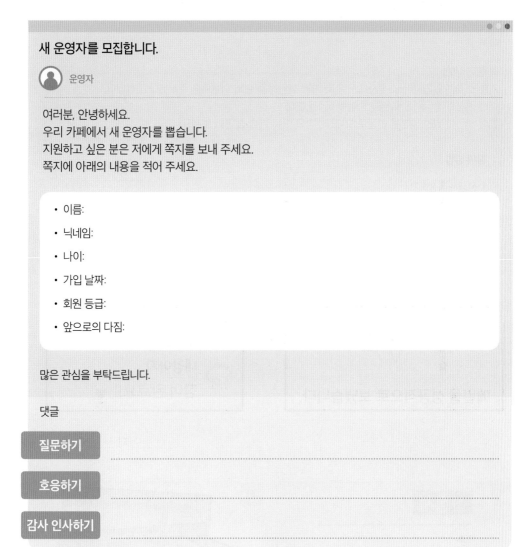

**새 운영자를 모집합니다.**

운영자

여러분, 안녕하세요.
우리 카페에서 새 운영자를 뽑습니다.
지원하고 싶은 분은 저에게 쪽지를 보내 주세요.
쪽지에 아래의 내용을 적어 주세요.

- 이름:
- 닉네임:
- 나이:
- 가입 날짜:
- 회원 등급:
- 앞으로의 다짐:

많은 관심을 부탁드립니다.

댓글

질문하기

호응하기

감사 인사하기

> **예시**
>
> 질문하기 - 운영자는 어떤 일을 해요?
> 호응하기 - 누가 되실지 모르지만 응원합니다!
> 감사 인사하기 - 현 운영자님, 그동안 감사했습니다. ^^

2. 이벤트에 참여하려면 어떻게 해야 돼요? 공지 사항을 읽고 순서에 맞게 그림에 번호를 쓰세요.

[이벤트] 사인 앨범을 선물로 드립니다.

 운영자

회원 여러분!
기쁜 소식이 있습니다. 소속사에서 우리 카페 회원들을 위해 이벤트를 준비했다고 합니다.
이번 콘서트에 다녀온 회원들 중에서 5명을 뽑아
친필 사인이 있는 앨범을 선물로 보내드린다고 하니 한번 참여해 보세요!

**참여 방법**

1. 신청서 작성하기
2. 콘서트 티켓 사진 찍기
3. 이메일로 콘서트 티켓 사진 보내기
4. 이 글에 '참여 완료'라고 댓글 달기

1)

2)

3)

4)

## 어휘

1. 다음 어휘의 뜻을 사전에서 찾아 써 보세요.

| 어휘 | 뜻 | 어휘 | 뜻 |
|------|----|------|----|
| 개인 | | 참여하다 | |
| 결정되다 | | 추첨 | |
| 배부 | | 출근길 | |
| 별명 | | 출처 | |
| 선택하다 | | 퇴근길 | |
| 슬로건 | | 프로필 | |
| 신청서 | | 호칭 | |
| 작성하다 | | 주의 사항 | |
| 진행하다 | | | |

2. 다음 중 알맞은 어휘를 골라 문장을 완성해 보세요.

| 진행하다 | 참여하다 | 선택하다 | 결정되다 | 작성하다 |
|---|---|---|---|---|

1) 영화 이벤트에 _____ 아/어 보세요. 뽑히면 배우들의 친필 사인 포스터를 준대요.

2) 신청서를 먼저 _____ (으)ㄴ 후에 이메일로 보내 주세요.

3) 생일 선물로 어떤 것이 좋을까요? 다음 중 2개를 _____ 아/어 주세요.
   투표는 내일까지입니다.

4) 투표 결과, 콘서트 슬로건 문구는 "이 순간을 기다렸어."로 _____ 았/었습니다.

5) 오늘은 연극이 끝나고 퇴근길 행사를 _____ 습/ㅂ니다.

3. 다음은 팬 카페에서 자주 볼 수 있는 어휘예요. 빈칸에 들어갈 어휘를 골라 아래에 써 보세요.

| 프로필 | 출처 | 출근길 | 슬로건 | 퇴근길 |

1)

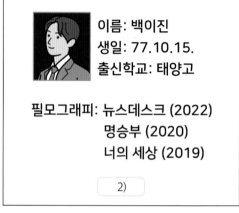

이름: 백이진
생일: 77.10.15.
출신학교: 태양고

필모그래피: 뉴스데스크 (2022)
명승부 (2020)
너의 세상 (2019)

2)

제가 촬영하고 편집한
영상을 공유해요.

3)    : 본인 촬영/편집

4)

5)

1) 

2) 

3) 

4) 

5)

# 덕질 가이드 공지 사항, 놓치지 않을 거예요

팬 카페에 공지 사항이 종종 올라와요. 아래 예시에서도 알 수 있듯이 공지 사항을 통해서 새로운 소식을 알려주기도 하고 카페 규정이나 팬 활동을 할 때 주의해야 할 사항을 다시 한번 강조하기도 해요.

**라라 공식 팬 카페**

§..........카페 공지
팬 카페 이용 관련 공지 안내 게시판

|  | 제목 | 글쓴이 | 작성일 |
|---|---|---|---|
| 공지 | 온,오프라인 팬 활동 에티켓 및 패널티 안내 | 운영자 | 22.09.29. |
| 공지 | [공지] 팬 카페 정회원 등업 신청 변경 안내 | 운영자 | 19.08.16. |
| 공지 | [공지] 팬 카페 준회원 등업 신청 변경 안내 | 운영자 | 18.03.21. |
| 273 | [모집/선발] FAN CAFE STAGE 5기 선발 안내 | 운영자 | 23.09.01. |

그러므로 공지 사항을 잘 살펴봐야 새로운 소식도 알 수 있고 규정에 맞게 즐거운 카페 생활과 팬 활동을 할 수 있답니다.

운영자가 쓰는 새 글에 '구독' 또는 '알림' 설정을 해 놓거나, 공지 사항 게시판의 새 글에 '알림' 설정을 해 놓으면 다른 사람보다 빨리, 중요한 글을 놓치지 않고 볼 수 있을 거예요.

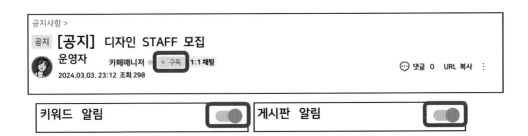

공지사항 >
공지 [공지] 디자인 STAFF 모집
운영자 카페매니저 + 구독 1:1 채팅        💬 댓글 0   URL 복사   ⋮
2024.03.03. 23:12 조회 298

| 키워드 알림 | 게시판 알림 |
|---|---|

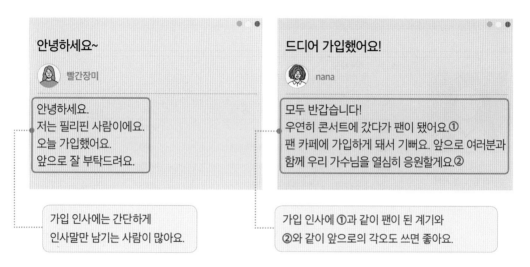

## 3과 게시판마다 발 도장 쾅!

### STEP 1 가입 인사 쓰기

1. 카페에 처음 가입하면 보통 가입 인사를 올려요. 어떤 내용을 써야 하는지 살펴보세요.

안녕하세요~

🔴 빨간장미

안녕하세요.
저는 필리핀 사람이에요.
오늘 가입했어요.
앞으로 잘 부탁드려요.

> 가입 인사에는 간단하게
> 인사말만 남기는 사람이 많아요.

드디어 가입했어요!

🔴 nana

모두 반갑습니다!
우연히 콘서트에 갔다가 팬이 됐어요.①
팬 카페에 가입하게 돼서 기뻐요. 앞으로 여러분과
함께 우리 가수님을 열심히 응원할게요.②

> 가입 인사에 ①과 같이 팬이 된 계기와
> ②와 같이 앞으로의 각오도 쓰면 좋아요.

2. 가입 인사에 뭐라고 쓰고 싶어요? 빈칸에 여러분이 하고 싶은 말을 써 보세요.

인사

소개

팬이 된 계기

각오

하고 싶은 말

**자유 게시판에 글쓰기**

1. 다음은 자유 게시판에 올라온 글의 제목이에요. 자유 게시판에는 어떤 주제로 글을 올리는지 살펴보세요.

> 모든 게시판 위에는 중요한 공지 내용이 공통적으로 제시되는 경우가 많아요.

## 자유 게시판 ⊛

새글 구독 ⬤○  ☐ 공지 숨기기  ⊟ ⊞ ☰  15개씩 ▾

| 말머리 ▾ | 제목 | 작성자 | 작성일 | 조회 | 좋아요 ▾ |
|---|---|---|---|---|---|
| 필독 | [공지] 게시판 사용 설명서 | 운영진 | 2024.01.01. | 3,666 | 67 |
| 공지 | [공지] 카페 규정 | 운영진 | 2024.01.01. | 3,666 | 9 |
| 공지 | [공지] 운영진 모집 공고 | 운영진 | 2024.01.01. | 3,666 | 21 |
| 공지 | [공지] 서포트 진행 안내 | 운영진 | 2024.01.01. | 3,666 | 40 |
| 공지 | [공지] 신입 회원 필독 사항 | 운영진 | 2024.01.01. | 3,666 | 9 |
| 19798 | 배우님 근황 [3] Ⓝ | 혁럽 | 2024.01.01. | 28 | 2 |
| 19707 | 정회원이 되었어요~~ Ⓝ | 무지개 사랑 | 2023.03.11. | 28 | 2 |
| 19672 | 팬미팅이 너무 기다려져요 | 잘생겼어요 | 2023.02.25. | 8 | 0 |
| 19664 | TV에 지금 배우님 나와요!! | 진짜좋아해 | 2023.02.23. | 6 | 0 |
| 19662 | 강릉에 다녀왔어요!! | nadia 78 | 2023.02.22. | 12 | 1 |
| 19652 | 주말에 본방 사수! | sdevt164 | 2023.02.21. | 12 | 1 |
| 19654 | 여러분, 저 응원 좀 해 주세요. | 제이슨누나 | 2023.02.20. | 6 | 0 |
| 19650 | 곧 개학이에요 ㅠㅠ | 나랑놀자 | 2023.02.19. | 7 | 1 |
| 19640 | 점심 메뉴 좀 추천해 주세요~ | 3산이들 | 2023.02.19. | 147 | 1 |
| 19610 | 카페에 오랜만에 들어왔어요. | 은태기좋아 | 2023.02.13. | 76 | 1 |
| 19573 | 저는 이제 퇴근합니다 | 알수없는여행 | 2023.02.09. | 68 | 0 |
| 19569 | 주말만 기다려요~ | 잘생겼어요 | 2023.02.08. | 13 | 0 |

> 자유 게시판은 하고 싶은 말을 자유롭게 남기는 곳이에요. 다른 회원에게 알려 주고 싶은 스타의 소식도 좋고, 등업이 되었다고 축하해 달라거나 점심 메뉴를 추천해 달라는 내용처럼 일상적인 내용도 괜찮아요.

2. 다음은 자유 게시판에 올라온 글이에요. 글을 읽고 알맞은 제목을 골라 번호를 써
   보세요.

1)

오늘 전주로 여행을 왔어요. 드라마 '아름다운 약속'
에 나오는 장소에 가서 사진을 많이 찍었어요.
드라마 장면이 다시 생각나요!

2)

지난주에 언니가 다녀간 식당이에요. 언니가 앉았던
그 자리에서 먹었어요. ㅎㅎ 그래서 그런지 음식이
더 맛있었어요.

3)

저는 떡볶이로 정했어요. 우리 배우님의 최애 음식!
맛있겠죠? 여러분들도 점심 맛있게 드세요~

4)

주말에 오빠들이 앨범 재킷 촬영한 버스 정류장에
다녀왔어요. 사람들이 너무 많이 기다려서 사진만
빨리 찍고 왔어요. ㅠㅠ

## STEP 3    후기 쓰기

1. 공연이나 드라마를 보고 나서 팬 카페에 후기를 올리는 사람이 많아요. 후기에 어떤
   내용이 있는지 살펴보세요.

**콘서트 후기**

콘서트 보고 왔어요!
좋아하는 노래를 라이브로 들을 수 있어서 정말
좋은 시간이었어요.
드론 쇼도 너무 멋있었어요. 잊지 못할 거예요.

**다들 드라마 보셨나요?**

14화 보셨어요?
한 시간이 너무 빨리 지나갔어요.
다음 주까지 어떻게 기다리지요?
제발 두 사람 다시 만나게 해 주세요!

콘서트에서 들었던 노래를 순서대로 소개하면서
현장의 느낌을 생생하게 전달하는 후기 글이
많아요.

드라마를 보고 나서 감상, 의견 등을 쓴 글이
많아요. 드라마를 아직 안 봤다면 후기 글을 먼저
보지 마세요. 줄거리를 미리 알게 될 수도 있어요.

2. 여러분은 최근에 무엇을 봤어요? 후기를 써 보세요.

1) 후기에 쓸 내용을 메모해 보세요.

| 질문 | 대답 |
|---|---|
| 무엇을 봤어요? | |
| 가장 기억에 남는 것이 뭐예요? | |
| 가수/배우는 언제 가장 멋있었어요? | |

2) 위의 메모를 바탕으로 팬 카페에 올릴 후기를 써 보세요.

## 과제 내 스타에게 편지 남기기

1. 팬레터 게시판이 있는 팬 카페도 있어요. 다른 팬들이 올린 편지의 제목과 내용을 읽어 보세요.

> 팬 카페 내에 팬레터를 올리는 게시판이 있으면 많은 사람들이 글을 올려요. 스타가 거기에 올라온 글을 다 읽기 어려울 테니 눈에 잘 띄게 하는 것이 좋겠지요?

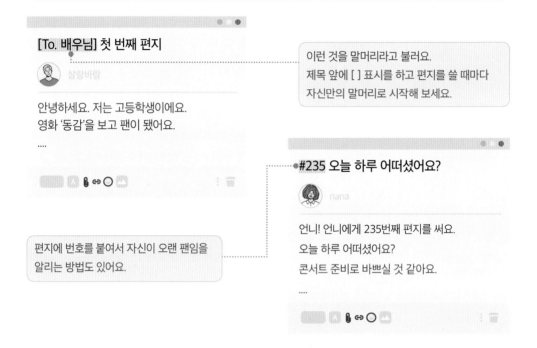

**[To. 배우님] 첫 번째 편지**

살랑바람

안녕하세요. 저는 고등학생이에요.
영화 '동감'을 보고 팬이 됐어요.
....

> 이런 것을 말머리라고 불러요.
> 제목 앞에 [ ] 표시를 하고 편지를 쓸 때마다 자신만의 말머리로 시작해 보세요.

**#235 오늘 하루 어떠셨어요?**

nana

언니! 언니에게 235번째 편지를 써요.
오늘 하루 어떠셨어요?
콘서트 준비로 바쁘실 것 같아요.
....

> 편지에 번호를 붙여서 자신이 오랜 팬임을 알리는 방법도 있어요.

2. 스타에게 쓰는 편지 제목을 특별하게 만들어 보세요.

1) 붙이고 싶은 말머리를 써 보세요.

2) 말머리 외에 쓰고 싶은 말이 있으면 써 보세요.

3) 여러분이 올리는 첫 번째 팬레터의 제목을 만들어 보세요.

## 3. 이제 편지를 써 보세요.

1) 어떤 내용을 쓰고 싶어요? 쓰고 싶은 내용을 자유롭게 메모해 보세요.

2) 메모한 것 중에 이번 팬레터에 쓸 내용을 선택하고, 순서를 정해 보세요.

① 

② 

③ 

④ 

3) 팬 카페에 올릴 편지를 써 보세요.

[          ]

## 어휘

### 1. 다음 어휘의 뜻을 사전에서 찾아 써 보세요.

| 어휘 | 뜻 | 어휘 | 뜻 |
|------|-----|------|-----|
| 감상 | | 응원하다 | |
| 계기 | | 지나가다 | |
| 드디어 | | 촬영지 | |
| 드론 | | 최애 | |
| 라이브 | | 글을 남기다 | |
| 말머리 | | 기억에 남다 | |
| 소감 | | 앨범 재킷 | |
| 우연히 | | 팬이 되다 | |

### 2. 다음 중 알맞은 어휘를 골라 문장을 완성해 보세요.

| 감상 | 라이브 | 최애 | 계기 | 말머리 |
|------|--------|------|------|--------|

1) K-pop을 좋아하게 된 특별한                    이/가 있어요?

2) 언니는 제일 좋아하는 음식이 뭐예요? 제                    음식은 떡볶이예요.

3) 그 영화를 본                    을/를 한마디로 이야기하기는 어렵지만 정말 감동적이었어요.

4) 전국 투어 콘서트가 끝나면                    앨범이 나온대요. 콘서트 때의 감동을 다시 느낄 수 있겠어요.

5) 배우님한테 쓰는 편지의 제목에는 항상 똑같은                    을/를 달고 있어요. 배우님이 저를 기억했으면 좋겠어요.

3. 다음은 팬 카페에 올린 팬레터예요. 빈칸에 들어갈 어휘를 골라 아래에 써 보세요.

| 촬영지 | 드디어 | 우연히 | 응원하겠습니다 | 팬이 됐어요 |
|---|---|---|---|---|

**[To. 배우님] #1 태국에서 보내는 편지**

무지개

배우님, 안녕하세요!

저는 태국 사람이에요. 한국에서 한국어를 공부하고 있어요.

어느 날 [ 1) ] 드라마 '사랑의 인사'를 보게 됐어요.

그 드라마를 본 날부터 배우님의 [ 2) ].

그래서 지난달에 팬 카페에 가입했는데 오늘 [ 3) ] 등업이 됐어요.

이제 팬레터 게시판에 글을 쓸 수 있어서 너무 기뻐요. 앞으로 자주 편지를 쓸 거예요.

방학에 친구하고 제주도로 여행을 가기로 했어요.

거기에서 드라마 [ 4) ] 에도 갈 거예요. 가서 사진을 많이 찍어 올게요.

배우님은 새로운 작품을 촬영하고 있지요? 배우님의 다음 작품도 [ 5) ] !

1)

2)

3)

4)

5)

# 덕질 가이드 팬 카페 게시판 완벽 적응하기

　팬 카페에는 다양한 게시판이 있어요. 카페마다 게시판의 종류와 이름이 다르니 어떤 게시판이 있는지, 어떤 글을 올릴 수 있는지 미리 확인해야 돼요. 게시판 이용 방법은 공지 사항에 올라와 있는 안내 글을 통해서 알 수 있어요. 또는 게시판을 클릭해서 들어가면 어떤 성격의 게시판인지, 어떤 점을 주의해야 되는지 설명이 나와 있는 경우도 있어요.

**응원해요**
예쁜 말로 승우 님을 응원해주세요.

**§..........2030게시판**
라라를 사랑하는 2-30대 이상 팬들을 위한 공간

**이런저런 얘기들**
오늘 있었던 일이나 하고 싶은 얘기들을 자유롭게 적어 주세요.

**준회원방**
준회원분들의 활발한 활동 부탁드려요:)

　카페에 가입하면 먼저 어떤 게시판이 있는지 살펴보고 게시판별로 조회 수가 높은 글들을 중심으로 읽어 보세요. 여러분이 좋아하는 스타의 처음 보는 사진이나 기사, 정보들을 접할 수 있을 거예요. 이렇게 다른 회원들의 글을 읽으며 짧은 댓글도 달아 보고, 자유 게시판에 가벼운 내용의 글을 올리기 시작해 보세요. 그러다 보면 점점 카페 게시판 사용에 익숙해질 거예요.

메모

# 4과 나는 댓글 왕

**STEP 1** 신입 회원에게 인사하기

1. 신입 회원들이 올린 가입 인사에 어떤 댓글을 달면 좋을까요? 다른 사람의 댓글을 살펴보세요.

> 신입 회원이 되면 가입 인사부터 남겨요. 가입 인사가 올라오면 간단한 인사로 댓글을 남겨서 새로운 회원을 환영해 주세요.

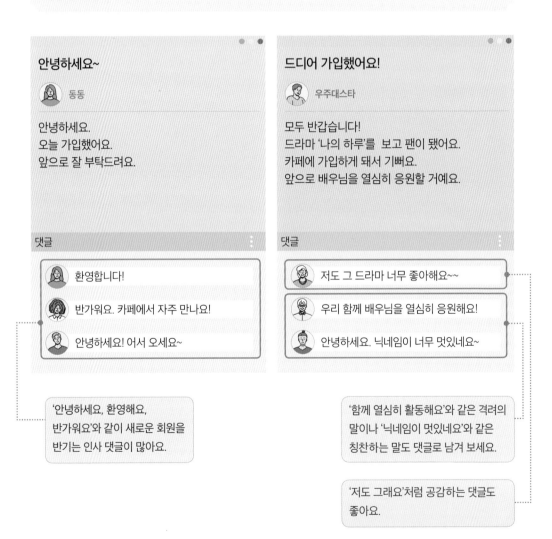

**안녕하세요~**

동동

안녕하세요.
오늘 가입했어요.
앞으로 잘 부탁드려요.

댓글

> 환영합니다!

> 반가워요. 카페에서 자주 만나요!

> 안녕하세요! 어서 오세요~

'안녕하세요, 환영해요, 반가워요'와 같이 새로운 회원을 반기는 인사 댓글이 많아요.

**드디어 가입했어요!**

우주대스타

모두 반갑습니다!
드라마 '나의 하루'를 보고 팬이 됐어요.
카페에 가입하게 돼서 기뻐요.
앞으로 배우님을 열심히 응원할 거예요.

댓글

> 저도 그 드라마 너무 좋아해요~~

> 우리 함께 배우님을 열심히 응원해요!

> 안녕하세요. 닉네임이 너무 멋있네요~

'함께 열심히 활동해요'와 같은 격려의 말이나 '닉네임이 멋있네요'와 같은 칭찬하는 말도 댓글로 남겨 보세요.

'저도 그래요'처럼 공감하는 댓글도 좋아요.

2. 다음 신입 회원의 가입 인사를 읽고 댓글을 달아 보세요.

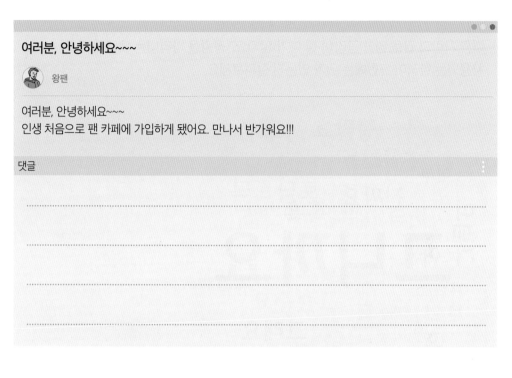

**여러분, 안녕하세요~~~**

👤 왕팬

여러분, 안녕하세요~~~
인생 처음으로 팬 카페에 가입하게 됐어요. 만나서 반가워요!!!

댓글

**반갑습니다.^^**

👤 노란우산

오늘 가입했어요. 만나서 반갑습니다.^^
이번 신곡을 듣고 너무 좋아서 팬이 됐어요. 신입 팬이라 모르는 게 많아요. 많이 도와주세요~

댓글

1. 다른 사람의 글을 읽고 공감이 될 때가 많지요? 공감을 나타내는 댓글에 자주
   사용되는 한국어 표현에는 뭐가 있는지 살펴보세요.

2. 자유 게시판에 올라온 글이에요. 댓글에 뭐라고 쓰면 좋을까요? 다음 중 어울리는
   댓글을 골라서 번호를 써 보세요.

> 댓글
>
> ① 와! 드라마하고 정말 똑같네요! 사진 감사해요.
> ② 아직 점심 안 먹었는데…. 너무 맛있어 보여요~
> ③ 대박! 저도 그 자리에서 언니와 똑같은 메뉴를 먹어 보고 싶어요.
> ④ 고생하셨네요~ 그래도 날씨가 좋아서 멋진 사진 찍고 오셨을 것 같아요.

### 전주 촬영지로 고! 고!

오늘 전주로 여행을 왔어요. 드라마 '아름다운 약속'에 나오는 장소에 가서 사진을 많이 찍었어요. 드라마 장면이 다시 생각나요!

댓글

1)

### 여기가 언니가 앉았던 자리래요.

지난주에 언니가 다녀간 식당이에요. 언니가 앉았던 그 자리에서 먹었어요. ㅎㅎ 그래서 그런지 음식이 더 맛있었어요.

댓글

2)

### 모두 오늘 점심에 뭐 드세요?

저는 떡볶이로 정했어요. 우리 배우님의 최애 음식!

맛있겠죠? 여러분들도 점심 맛있게 드세요~

댓글

3)

### 앨범 재킷 찍은 곳에 다녀왔어요.

주말에 오빠들이 앨범 재킷 촬영한 버스 정류장에 다녀왔어요. 사람들이 너무 많이 기다려서 사진만 빨리 찍고 왔어요. ㅠㅠ

댓글

4)

**댓글로 이벤트 참여하기**

1. 팬 카페 이벤트에 댓글로 참여하는 경우가 있어요. 어떻게 참여하면 될까요?
   다른 사람의 댓글을 살펴보세요.

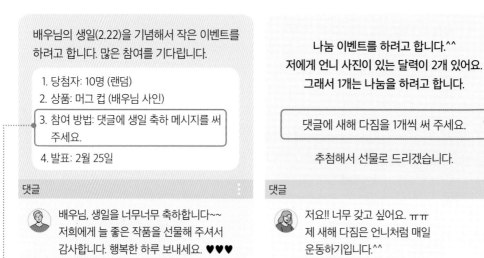

배우님의 생일(2.22)을 기념해서 작은 이벤트를
하려고 합니다. 많은 참여를 기다립니다.

1. 당첨자: 10명 (랜덤)
2. 상품: 머그 컵 (배우님 사인)
3. 참여 방법: 댓글에 생일 축하 메시지를 써
   주세요.
4. 발표: 2월 25일

댓글

배우님, 생일을 너무너무 축하합니다~~
저희에게 늘 좋은 작품을 선물해 주셔서
감사합니다. 행복한 하루 보내세요. ♥♥♥

나눔 이벤트를 하려고 합니다.^^
저에게 언니 사진이 있는 달력이 2개 있어요.
그래서 1개는 나눔을 하려고 합니다.

댓글에 새해 다짐을 1개씩 써 주세요.

추첨해서 선물로 드리겠습니다.

댓글

저요!! 너무 갖고 싶어요. ㅠㅠ
제 새해 다짐은 언니처럼 매일
운동하기입니다.^^

왼쪽은 생일 이벤트라서 생일 축하 메시지를 댓글에 쓰라고 했고, 오른쪽은 달력 나눔 이벤트라서
댓글에 새해 다짐을 쓰라고 했어요. 이렇듯 이벤트마다 참여 방법이 다르니 잘 확인해서 참여해 보세요.

2. 다음 이벤트에 여러분이 참여한다면 어떤 댓글을 달고 싶어요? 여러분이 좋아하는
   스타의 이름으로 삼행시를 지어 보세요.

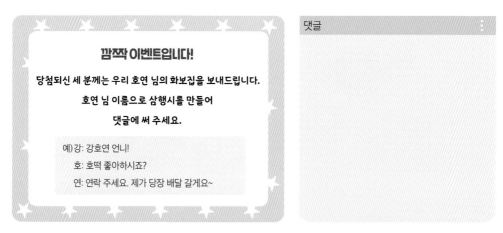

**깜짝 이벤트입니다!**

당첨되신 세 분께는 우리 호연 님의 화보집을 보내드립니다.

호연 님 이름으로 삼행시를 만들어
댓글에 써 주세요.

예) 강: 강호연 언니!
호: 호떡 좋아하시죠?
연: 연락 주세요. 제가 당장 배달 갈게요~

댓글

## 과제 다양한 유형의 댓글 남기기

1. 팬 카페에서 다른 사람이 쓴 댓글을 읽고 아래 유형에 해당하는 것을 찾아서 써 보세요.

| 예시 | |
|---|---|
| 환영해요/ 반가워요/ 감사해요/ 죄송합니다 등 | 인사 댓글 |
| 너무 재미있지요?/ 정말 감동적이셨겠어요 등 | 공감 댓글 |
| 이 작품의 제목이 뭔가요?/ 언제까지예요? 등 | 질문 댓글 |
| 이번 주 일요일이에요!/ 오늘 7시부터 시작해요 등 | 정보 댓글 |
| 저요!!/ 저도 신청합니다/ 제가 해 볼게요~ 등 | 신청 댓글 |
| 사진의 출처를 남겨 주세요/ 촬영 장소 정보 좀 알려 주세요 등 | 요청 댓글 |

2. 사람들이 댓글에 어떤 표현을 많이 사용해요? 여러 댓글을 살펴보고 사람들이 많이 쓰는 표현 3가지를 찾아서 써 보세요.

3. 게시판에 올라온 글 중에 댓글을 달고 싶은 글이 있어요? 게시글의 내용을 그대로 쓰고
   자유롭게 댓글을 달아 보세요.

댓글

댓글

## 어휘

1. 다음 어휘의 뜻을 사전에서 찾아 써 보세요.

| 어휘 | 뜻 | 어휘 | 뜻 |
|---|---|---|---|
| 공감하다 | | 부탁하다 | |
| 그렇다 | | 어머나 | |
| 그쵸 | | 와 | |
| 기념하다 | | 참여 | |
| 나눔 | | 추첨하다 | |
| 당첨되다 | | 환영하다 | |
| 대박 | | 헐 | |
| 부럽다 | | 댓글을 달다 | |

2. 다음 중 알맞은 어휘를 골라 문장을 완성해 보세요.

| 달다 | 기념하다 | 부탁하다 | 공감하다 | 그렇다 |
|---|---|---|---|---|

1) 배우의 생일을          아서/어서 팬들이 선물을 준비했어요.

2) 내가 쓴 글에도 다른 회원들이 댓글을 많이          았으면/었으면 좋겠어요.

3) 어떤 회원이 올린 영상에 출처가 없어서 출처를 달아 달라고          았어요/었어요.

4) 어떤 회원이 콘서트가 너무 기대돼서 심장이 아프다고 했는데 저도 그 마음에          았어요/었어요.

5) 이벤트 발표가 늦어지네요. 바빠서          겠지만 약속한 날짜는 지켜야죠.

3. 다양한 게시글과 댓글이에요. 빈칸에 들어갈 어휘를 골라 아래에 써 보세요.

| 당첨되신 | 환영합니다 | 부러워요 | 추첨해서 | 참여 |

여러분! 저 축하해 주세요~
배우님 친필 사인 머그 컵을 받게 됐어요!

댓글

와! 정말 너무 [ 1) ]! 저도 갖고 싶어요. ㅠㅠ

다음 주에 콘서트가 있어서
깜짝 이벤트를 진행합니다.
댓글로 응원의 메시지를 남겨 주세요.

많은 [ 2) ]를 부탁드립니다.
이벤트가 끝나면 3명을 [ 3) ]
선물을 보내드리겠습니다.

댓글

항상 응원합니다!

안녕하세요.
오늘 처음 가입했어요.
만나서 반가워요.^^
앞으로 열심히 활동할게요~

댓글

안녕하세요. [ 4) ]~

이벤트 결과를 발표합니다!
선물을 받으실 분은~~

**바보사랑   하늘과바다   수지내꺼**

모두 축하합니다!!

댓글

[ 5) ] 분들, 모두 축하드려요~

1)

2)

3)

4)

5)

## 덕질 가이드 댓글로 소통 왕 되기

| | 제목 | 글쓴이 | 작성일 |
|---|---|---|---|
| 813693 | 우수 회원 등업 ① Ⓝ | 레몬트리 | 17:53 |
| 813692 | 무대 인사 다녀왔어용 ⑫ Ⓝ | 비밀노트 | 17:51 |
| 813691 | 드디어 개봉이네요! ⑥ | 파란풍선 | 17:50 |
| 813687 | 여러분들이라면? (도와주세요ㅠㅠ) ① | 커피좋아 | 17:31 |

위 게시판에 있는 빨간색 동그라미 안의 숫자는 뭘까요? 바로 '댓글 수'예요. 여러분이 게시판에 글을 올렸는데 누군가 댓글을 달아 주면 반갑고 고맙겠지요? 또 내 글에 댓글이 많으면 어깨가 으쓱해지기도 하고요.

댓글이 많이 달리게 하려면 어떻게 해야 할까요? 관심을 끌 만한 제목을 달거나 특별한 소재로 글을 쓰면 자연스럽게 많은 사람들의 호응을 얻게 될 거예요. 그런 방법이 아니더라도 평소에 다른 사람의 글에 다정한 댓글을 많이 달면 그 사람이 내 글에도 댓글을 달아 줄 거예요.

게시판에 글도 자주 남기며 다른 회원들과 조금씩 교류를 하다 보면 서로의 글에 댓글을 달아 주는 친한 사람이 생길 수 있어요. 그러니까 여러분, 앞으로는 눈팅*만 하지 말고 다른 사람의 글에 공감해 주면서 열심히 소통해 보세요.

이렇게 열심히 댓글을 달다 보면 여러분은 어느새 팬 카페에서 인싸*가 되어 있을 거예요.^^

---

＊눈팅: 게시글이나 댓글은 올리지 않고 다른 사람의 글을 눈으로 보기만 하는 행동을 가리켜요.

＊인싸: insider의 줄임말로 각종 행사나 모임에 적극적으로 참여하면서 사람들과 잘 어울려 지내는 사람을 뜻해요.

PART

# II

# 소속사가 궁금해요?
# 궁금하면 홈페이지로!

✦───────────────────────────

스타를 가족처럼 지켜 주고 든든한 지원을 해 주는 곳이 바로 소속사입니다.
여러분의 스타에게 선물을 보내거나 팬레터를 쓰려면 소속사가 어떤 곳인지 잘 알아야
겠죠? 지금부터 소속사에 대해 알아볼까요?

───────────────────────────✦

## STEP 1 소속사 홈페이지 둘러보기

1. 연예인 소속사 홈페이지를 보면 소속사의 구조를 알 수 있어요. 어떤 내용들이 있는지 살펴보세요.

| COMPANY | ARTIST | NOTICE | MULTIMEDIA |
|---|---|---|---|
| 회사 소개 | | 공지 사항 | |
| 연혁<br>소속사의 역사를 알 수 있어요. | 가수 | 소속 가수의 새 앨범 발매, 소속 배우의 작품 출연, 팬들에게 안내할 내용 등이 있어요. | 뮤직비디오 |
| 오시는 길<br>소속사의 주소와 이메일, 전화번호가 있어요. | 배우 | 뉴스<br>소속 연예인의 기사, 인터뷰 등을 볼 수 있어요. | 광고 |

2. 여러분의 스타가 소속된 소속사의 홈페이지에 들어가서 직접 구조도를 그려 보세요.

**내 스타와 가장 가까운 사람 알아보기**

1. 소속사에는 여러분의 스타에게 도움을 주는 사람들이 있어요. 도움을 주는 사람으로는 누가 있는지 살펴보세요.

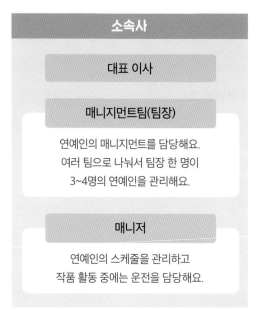

**소속사**

대표 이사

매니지먼트팀(팀장)

연예인의 매니지먼트를 담당해요. 여러 팀으로 나눠서 팀장 한 명이 3~4명의 연예인을 관리해요.

매니저

연예인의 스케줄을 관리하고 작품 활동 중에는 운전을 담당해요.

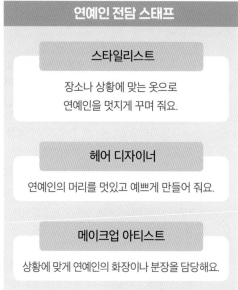

**연예인 전담 스태프**

스타일리스트

장소나 상황에 맞는 옷으로 연예인을 멋지게 꾸며 줘요.

헤어 디자이너

연예인의 머리를 멋있고 예쁘게 만들어 줘요.

메이크업 아티스트

상황에 맞게 연예인의 화장이나 분장을 담당해요.

2. 연예인의 옆에서 도움을 주는 사람들이에요. 누구인지 알맞은 그림과 연결해 보세요.

| 1 스타일리스트 | 2 메이크업 아티스트 | 3 매니저 | 4 헤어 디자이너 |

소속사 공지 사항 이해하기

1. 소속사 홈페이지에는 소속 연예인과 관련된 공지 사항이 올라오는데요. 어떤 공지
   사항이 있는지 살펴보세요.

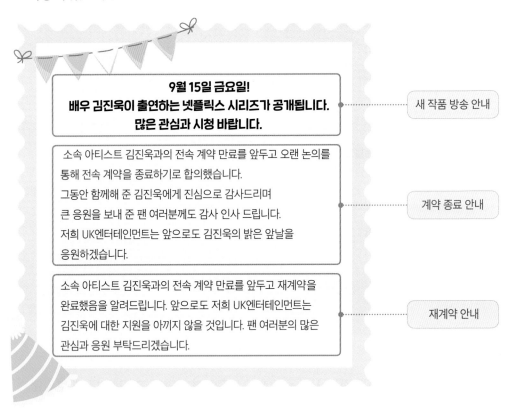

**9월 15일 금요일!
배우 김진욱이 출연하는 넷플릭스 시리즈가 공개됩니다.
많은 관심과 시청 바랍니다.**

새 작품 방송 안내

소속 아티스트 김진욱과의 전속 계약 만료를 앞두고 오랜 논의를
통해 전속 계약을 종료하기로 합의했습니다.
그동안 함께해 준 김진욱에게 진심으로 감사드리며
큰 응원을 보내 준 팬 여러분께도 감사 인사 드립니다.
저희 UK엔터테인먼트는 앞으로도 김진욱의 밝은 앞날을
응원하겠습니다.

계약 종료 안내

소속 아티스트 김진욱과의 전속 계약 만료를 앞두고 재계약을
완료했음을 알려드립니다. 앞으로도 저희 UK엔터테인먼트는
김진욱에 대한 지원을 아끼지 않을 것입니다. 팬 여러분의 많은
관심과 응원 부탁드리겠습니다.

재계약 안내

2. 여러분의 스타가 소속된 소속사 홈페이지에 들어가서 스타와 관련된 최근 공지 사항을
   찾아 써 보세요.

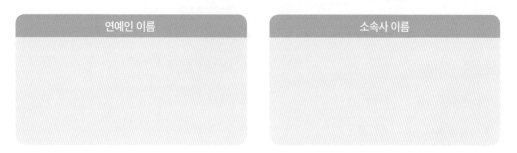

## 과제 소속사 위치로 서울 지리 익히기

1. 내가 좋아하거나 관심 있는 연예인들의 소속사는 어디인지 써 보세요.

| 연예인 이름 | 소속사 이름 |
|---|---|
|  |  |

2. 서울에 있는 대형 소속사의 위치예요. 서울 시내 지도를 보면서 어디에 있는지 알아보고 여러분의 스타가 있는 소속사의 위치도 찾아 써 보세요.

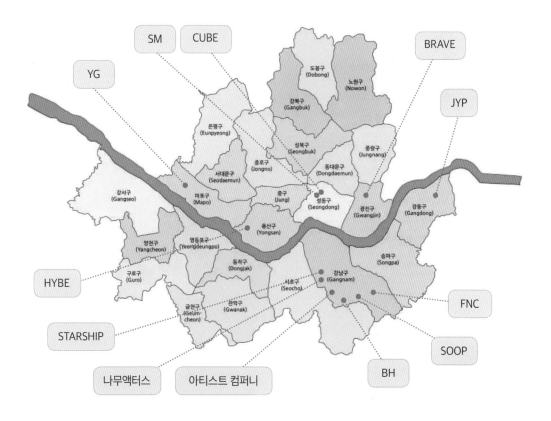

3. 이제부터 여러분의 스타가 있는 소속사를 찾아가 볼 거예요. 여러분이 있는 곳에서
소속사까지 가는 방법을 찾아 써 보세요.

| <예시> 내 스타의 소속사는? | |
| --- | --- |
| 이름이 뭐예요? | BH엔터테인먼트 |
| 무슨 구에 있어요? | 강남구 |
| 무슨 역에 내려요? | 학동역 |
| 몇 번 출구예요? | 10번 출구 |
| 역에서 소속사까지 얼마나 걸려요? | 걸어서 10분 |

| 내 스타의 소속사는? | |
| --- | --- |
| 이름이 뭐예요? | |
| 무슨 구에 있어요? | |
| 무슨 역에 내려요? | |
| 몇 번 출구예요? | |
| 역에서 소속사까지 얼마나 걸려요? | |

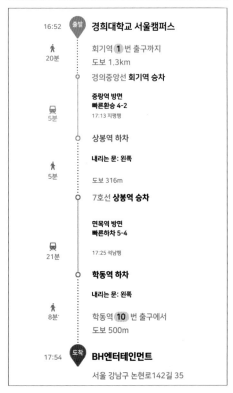

## 어휘

1. 다음 어휘의 뜻을 사전에서 찾아 써 보세요.

| 어휘 | 뜻 | 어휘 | 뜻 |
|---|---|---|---|
| 계약 | | 완료하다 | |
| 관심 | | 재계약 | |
| 뉴스 | | 전담 | |
| 만료 | | 전속 | |
| 매니지먼트 | | 종료하다 | |
| 소속사 | | 지원 | |
| 스타일리스트 | | 팀장 | |
| 스태프 | | 대표 이사 | |
| 시청 | | 메이크업 아티스트 | |
| 연혁 | | 헤어 디자이너 | |

2. 다음 중 알맞은 어휘를 골라 문장을 완성해 보세요.

| 연혁 | 스타일리스트 | 뉴스 | 스태프 | 소속사 |
|---|---|---|---|---|

1) _____ 이/가 역에서 멀어서 걸어가기 힘들어요.

2) 내가 좋아하는 아이돌이 군대에 간다는 _____ 을/를 보고 울었어요.

3) 대표 이사가 기자들 앞에서 회사의 _____ 을/를 소개하고 있어요.

4) _____ 이/가 준비해 준 옷을 입고 화보를 찍었어요.

5) 저는 배우 김진욱의 메이크업 전담 _____ (으)로 일하고 있어요.

3. 소속사 홈페이지에서 볼 수 있는 공지 사항이에요. 빈칸에 들어갈 어휘를 골라 아래에 써
   보세요.

| 전속 | 종료 | 재계약 | 시청 | 지원 | 만료 |
|------|------|--------|------|------|------|

**NOTICE 1**

9월 15일 금요일!

배우 김진욱이 출연하는 드라마가 첫 방송됩니다.

많은 관심과 ⑴ 바랍니다.

**NOTICE 2**

안녕하십니까? 이번 소속 아티스트 김진욱과의 ⑵ 계약 만료를 앞두고 오랜 논의를
통해 전속 계약을 ⑶ 하기로 합의했습니다. 그동안 함께해 준 김진욱에게 진심으로
감사드리며 큰 응원을 보내 준 팬 여러분께도 감사 인사 드립니다.
저희 UK엔터테인먼트는 앞으로도 김진욱의 밝은 앞날을 응원하겠습니다.

**NOTICE 3**

안녕하십니까? 이번 소속 아티스트 김진욱과의 전속 계약 ⑷ 를 앞두고 ⑸ 을
완료했음을 알려드립니다. 앞으로도 저희 UK엔터테인먼트는 김진욱에 대한 ⑹ 을
아끼지 않을 것입니다. 팬 여러분의 많은 관심과 응원 부탁드리겠습니다.

1)

2)

3)

4)

5)

6)

## 덕질 가이드 소속사에서 만든 공간 투어

대형 기획사에서 팬들을 위해 마련한 문화 공간에 대해서 가 보거나 들어본 적이 있나요? 이런 공간은 아이돌 팬이나 K-pop을 사랑하는 외국인들에게 관광 코스의 역할을 하기도 하는데요. 대표적으로 어떤 곳이 있는지 알아볼까요?

### <하이브 인사이트>

HYBE INSIGHT는 하이브의 복합 문화 공간이에요. 하이브의 아티스트와 팬이 음악을 통해 만나는 공간이며, 음악을 사랑하는 누구나 즐길 수 있도록 만들어졌어요. 그런데 새 공간으로 이전하는 문제로 2023년 1월부터 장기 휴관 중이에요. 휴관 중이어도 전시 일정이 있으면 다른 곳에서 진행하기도 해요. 더 좋은 곳으로 옮긴다고 하니 기다려 봐야겠죠?

### <더 세임>

더 세임(the SameE)은 YG엔터테인먼트가 팬들을 위해 만든 복합 문화 공간이에요. MD숍과 이벤트·전시 시설이 있어서 관람과 쇼핑을 할 수 있고, 카페에서는 음료를 마시거나 휴식을 취할 수 있답니다.

출처: YG엔터테인먼트

## 6과  사랑 가득 팬레터를 보내요

**STEP 1**  첫머리 쓰기

1. 소속사로 팬레터를 보내면 소속사에서 여러분의 스타에게 편지를 전해 줘요. 팬레터를
   쓸 때 어떻게 시작하면 좋은지 다음을 살펴보세요.

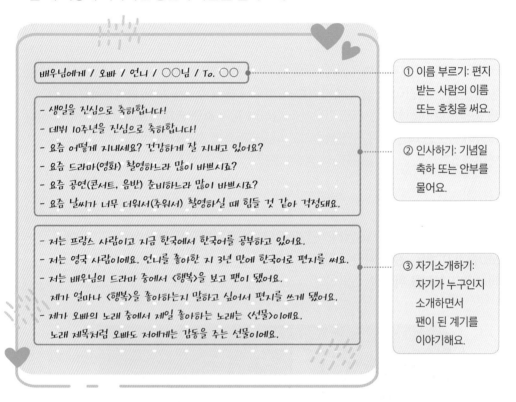

배우님에게 / 오빠 / 언니 / ○○님 / To. ○○

- 생일을 진심으로 축하합니다!
- 데뷔 10주년을 진심으로 축하합니다!
- 요즘 어떻게 지내세요? 건강하게 잘 지내고 있어요?
- 요즘 드라마(영화) 촬영하느라 많이 바쁘시죠?
- 요즘 공연(콘서트, 음반) 준비하느라 많이 바쁘시죠?
- 요즘 날씨가 너무 더워서(추워서) 촬영하실 때 힘들 것 같아 걱정돼요.

- 저는 프랑스 사람이고 지금 한국에서 한국어를 공부하고 있어요.
- 저는 영국 사람이에요. 언니를 좋아한 지 3년 만에 한국어로 편지를 써요.
- 저는 배우님의 드라마 중에서 〈행복〉을 보고 팬이 됐어요.
  제가 얼마나 〈행복〉을 좋아하는지 말하고 싶어서 편지를 쓰게 됐어요.
- 제가 오빠의 노래 중에서 제일 좋아하는 노래는 〈선물〉이에요.
  노래 제목처럼 오빠도 저에게는 감동을 주는 선물이에요.

① 이름 부르기: 편지 받는 사람의 이름 또는 호칭을 써요.

② 인사하기: 기념일 축하 또는 안부를 물어요.

③ 자기소개하기: 자기가 누구인지 소개하면서 팬이 된 계기를 이야기해요.

2. 여러분의 스타에게 보내는 팬레터의 첫머리를 써 보세요.

1. 팬레터의 본문에는 어떤 내용을 쓰면 좋을까요? 어떻게 쓰면 되는지 살펴보세요.

전하고 싶은 말하기: 편지를 쓴 목적과 전하고 싶은 마음을 표현해요.

- 생일 선물을 샀는데 마음에 들었으면 좋겠어요.

- 데뷔 10주년 축하 선물을 샀는데 마음에 들었으면 좋겠어요.

- 잘 지내고 있는지 너무 궁금하니까 SNS에 소식 좀 올려 주세요. 보고 싶어요.

- 얼마 전에 SNS에 올린 사진 봤어요. 사진을 보니까 더 반갑고 보고 싶네요.

- 촬영하면서 힘내시라고 작은 선물을 준비했어요.

- 공연(콘서트, 음반) 준비하면서 힘내시라고 작은 선물을 준비했어요.

- 제가 이번 팬 사인회에 당첨됐어요. 오빠를 만날 수 있다고 생각하니까
  정말 기쁘고 행복해요. 팬 사인회 때 이 편지를 드릴 테니까 나중에
  이 편지 보면 저를 꼭 기억해 주세요.

2. 여러분의 스타에게 보내는 팬레터의 본문을 써 보세요.

**STEP 3  끝맺음 쓰기**

1. 팬레터에 하고 싶은 말을 다 썼으면 이제 마무리를 해야겠죠? 편지의 마지막은 어떻게 쓰면 되는지 살펴보세요.

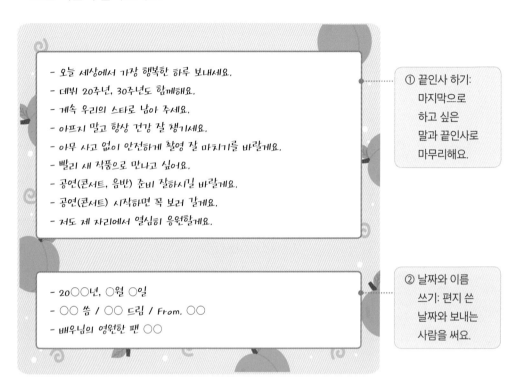

2. 여러분의 스타에게 보내는 팬레터의 마지막 부분을 써 보세요.

## 과제 내 스타에게 팬레터 쓰기

1. 쓰고 싶은 팬레터에 대해 정리해 보세요.

| 누구에게 쓰고 싶어요? | |
|---|---|
| 왜 이 팬레터를 쓰려고 해요? | □ 축하　　　□ 안부　　　□ 위로　　　□ 감사<br>□ 기타 (　　　　　　　　) |

2. 여러분의 스타에게 여러분이 어떤 사람인지 알려 주는 것도 중요하겠죠? 여러분을 소개해 보세요.

| | |
|---|---|
| 나는 누구인가요? | 이름:<br>국적:<br>나이:<br>지금 하는 일: |
| 언제부터 좋아하게 됐어요? | |
| 왜 좋아하게 됐어요? | |
| 가장 좋아하는 작품이나 노래가 뭐예요? | |
| 왜 그 작품이나 노래를 좋아해요? | |
| 나에게 어떤 영향을 줬어요? | |

3. 이제 마음을 가득 담아서 여러분의 스타에게 팬레터를 써 보세요.

# 어휘

1. 다음 어휘의 뜻을 사전에서 찾아 써 보세요.

| 어휘 | 뜻 | 어휘 | 뜻 |
|------|-----|------|-----|
| 걱정되다 | | 진심으로 | |
| 궁금하다 | | 챙기다 | |
| 기억하다 | | 첫머리 | |
| 끝맺음 | | 태어나다 | |
| 날씨 | | 함께하다 | |
| 본문 | | 힘내다 | |
| 사고 | | 힘들다 | |
| 세상 | | 감동을 주다 | |
| 안부 | | 마음에 들다 | |
| 안전하다 | | 제 자리 | |
| 음반 | | | |

2. 다음 중 알맞은 어휘를 골라 문장을 완성해 보세요.

> 세상     음반     기억하다     챙기다     안부

1) 팬 사인회 때 오빠가 나를                    고 있어서 정말 기뻤어요.

2) 요즘 배우님이 작품 활동을 쉬고 있어서                    이/가 궁금해요.

3) 오늘 팬 미팅에 갔다 왔는데 배우님의 얼굴을 본 것만으로도                    에서 가장
   행복한 하루였어요.

4) 이번                    에 들어간 노래 모두 멤버들이 직접 작사와 작곡을 했대요.

5) 작품 준비로 많이 피곤하실 텐데 건강 잘                    (으)세요.

3. 스타에게 보내는 팬레터예요. 빈칸에 들어갈 어휘를 골라 아래에 써 보세요.

| 사고 | 진심으로 | 제 자리 | 걱정 | 날씨 | 마음 |

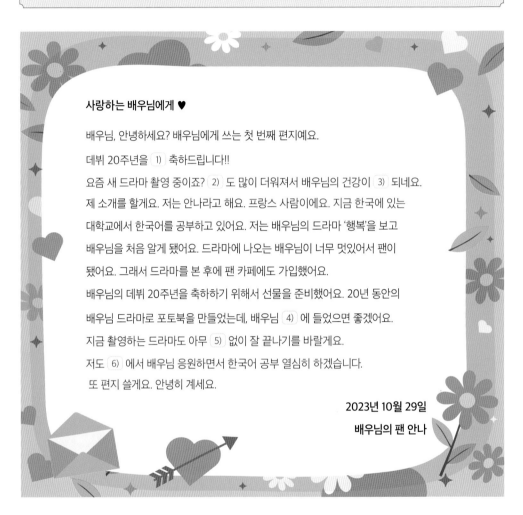

**사랑하는 배우님에게 ♥**

배우님, 안녕하세요? 배우님에게 쓰는 첫 번째 편지예요.

데뷔 20주년을 ① 축하드립니다!!

요즘 새 드라마 촬영 중이죠? ② 도 많이 더워져서 배우님의 건강이 ③ 되네요.

제 소개를 할게요. 저는 안나라고 해요. 프랑스 사람이에요. 지금 한국에 있는

대학교에서 한국어를 공부하고 있어요. 저는 배우님의 드라마 '행복'을 보고

배우님을 처음 알게 됐어요. 드라마에 나오는 배우님이 너무 멋있어서 팬이

됐어요. 그래서 드라마를 본 후에 팬 카페에도 가입했어요.

배우님의 데뷔 20주년을 축하하기 위해서 선물을 준비했어요. 20년 동안의

배우님 드라마로 포토북을 만들었는데, 배우님 ④ 에 들었으면 좋겠어요.

지금 촬영하는 드라마도 아무 ⑤ 없이 잘 끝나기를 바랄게요.

저도 ⑥ 에서 배우님 응원하면서 한국어 공부 열심히 하겠습니다.

또 편지 쓸게요. 안녕히 계세요.

2023년 10월 29일

배우님의 팬 안나

1) _____        4) _____

2) _____        5) _____

3) _____        6) _____

편지보다는 이메일, 이메일보다는 문자 메시지가 더 편한 요즘, 손으로 직접 글을 쓰는 일에 부담을 느끼는 경우가 많죠. 특히 손 글씨가 예쁘지 않다면 혹시라도 내 스타가 흉보지 않을까 창피하기도 하고요. 물론 글씨를 예쁘게 쓸 수 있다면 더 좋겠지만 무엇보다도 중요한 건 정성과 마음일 거예요. 한국어가 서툰 외국인 팬이 정성을 다해서 쓴 손 편지라면 여러분의 스타도 무척 감동을 받을 겁니다. 자, 그러면 조금이라도 더 잘 쓸 수 있는 손 편지 팁, 알아볼까요?

첫째, 미리 다른 곳에 편지 내용을 써 보고 나서 편지지에 옮긴다.
먼저 컴퓨터로 편지를 써 놓고 문장이나 맞춤법을 확인해야 실수도 줄이고, 써야 할 내용을 자연스럽게 연결할 수 있어요.

둘째, 또박또박하고 알아보기 쉽게 조금 큰 글씨로 쓴다.
손 글씨가 좀 예쁘지 않아도 정확하고 또박또박하게 쓰면 깨끗하게 보여요. 그리고 편지지가 그리 크지 않기 때문에 너무 작게 쓰는 것보다 조금 크게 쓰는 것이 읽기 쉬워요.

손 편지를 다 썼으면 이제 보내야겠죠? 선물과 같이 보낼 때 가끔 편지지만 넣는 경우도 있는데 선물이 많으면 나중에 찾기 힘들어져요. 꼭 편지봉투에 스타의 이름과 자기 이름을 적은 후에 선물 상자에 넣어서 보내는 거, 잊지 마세요.

always

To. 보고 싶은 오빠
오빠~ 잘 지내고 있어요?
요즘 일교차가 커서 감기에 걸린 사람들이
많던데, 오빠는 아픈 데가 없는지 걱정돼요.

## 7과 제 선물 전해 주실 거죠?

### STEP 1 소포 보내기

1. 여러분의 스타에게 선물을 주고 싶으면 소속사로 보내면 돼요. 선물이 소속사에 무사히 도착하게 하려면 어떻게 보내는 것이 좋은지 살펴보세요.

택배 상자 안에 선물이 움직이지 않도록 뽁뽁이, 한지, 에어캡, 종이 완충재 등으로 포장해요.

선물의 크기에 맞는 택배 상자가 가장 좋아요. 맞는 게 없다면 최대한 맞춰서 준비하세요.

선물을 따로 예쁜 상자에 담거나 포장해서 택배 상자에 넣어요. 편지는 선물 상자 안에 넣으면 돼요.

2. 선물을 안전하게 포장하기 위한 것들이에요. 알맞게 연결해 보세요.

| 1 뽁뽁이 | 2 한지 | 3 에어캡 | 4 종이 완충재 |
|---|---|---|---|

1. 택배 상자에 붙이는 송장이에요. 어떻게 쓰면 되는지 살펴보세요.

상자에 무엇이 들어 있는지 간단하게 써요.
예) 책, 옷, 신발, 화장품...

깨지거나 조심해야 되는
선물이면 ∨ 해 주세요.

팀장이나 매니저의
연락처를 알면 써
주세요. 모르면 소속사
전화번호를 쓰면 돼요.

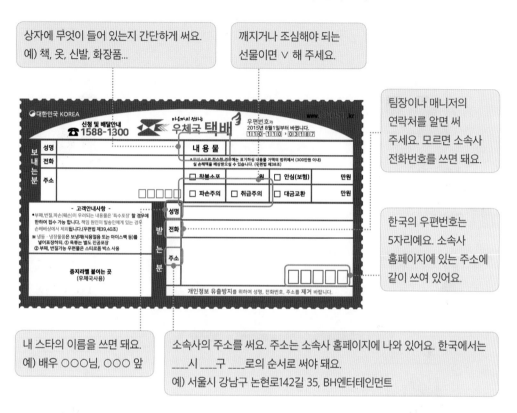

한국의 우편번호는
5자리예요. 소속사
홈페이지에 있는 주소에
같이 쓰여 있어요.

내 스타의 이름을 쓰면 돼요.
예) 배우 ○○○님, ○○○ 앞

소속사의 주소를 써요. 주소는 소속사 홈페이지에 나와 있어요. 한국에서는
___시 ___구 ___로의 순서로 써야 돼요.
예) 서울시 강남구 논현로142길 35, BH엔터테인먼트

2. 여러분의 스타가 소속된 소속사의 주소는 어떻게 돼요? 소속사 홈페이지에서 찾아 써
보세요.

| 소속사 이름 | 소속사 주소 |
|---|---|
| | □□□□□ |

1. 여러분의 스타에게는 뭐든지 선물해 주고 싶은 마음이죠? 선물하기 좋은 품목에는
   어떤 것이 있는지 살펴보세요.

향수
골프용품
운동화
건강식품
술
식품
보디 제품

2. 여러분의 스타에게 보내고 싶은 선물을 자유롭게 써 보세요.

| 스타의 이름 | 보내고 싶은 선물 |
|---|---|
|  |  |

## 과제 내 스타에게 선물 보내기

1. 여러분의 스타에게 보내고 싶은 선물에 대해 써 보세요.

| 누구에게 보내고 싶어요? | |
| --- | --- |
| 어떤 날에<br>보내고 싶어요? | □ 생일　　　　　□ 데뷔 기념일　　　□ 크리스마스<br>□ 밸런타인데이　□ 명절　　　　　□ 공연(첫공, 막공)<br>□ 기타(　　　　　　　　　　　) |

2. 보내고 싶은 선물들을 골라 □에 ∨ 해 보세요.

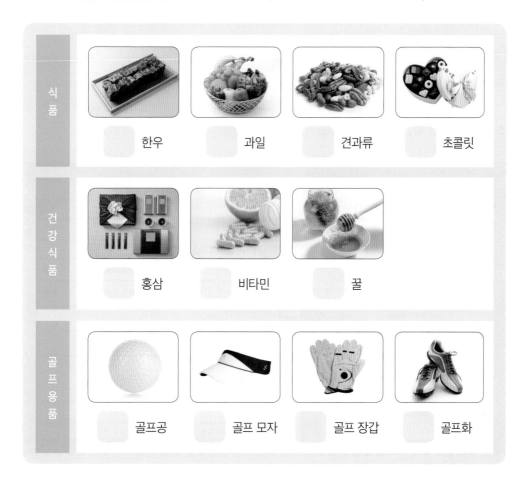

식품

한우　　　과일　　　견과류　　　초콜릿

건강식품

홍삼　　　비타민　　　꿀

골프용품

골프공　　　골프 모자　　　골프 장갑　　　골프화

| 뷰티 | 화장품 | 보디 제품 | 향수 |
| 기타 | 술 | 디퓨저 | 운동화 | 반려동물 용품 |

## 3. 택배 송장을 직접 작성해 보세요.

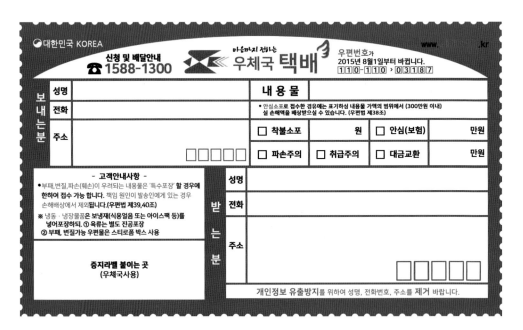

## 어휘

1. 다음 어휘의 뜻을 사전에서 찾아 써 보세요.

| 어휘 | 뜻 | 어휘 | 뜻 |
|---|---|---|---|
| 건강식품 | | 에어캡 | |
| 견과류 | | 운동화 | |
| 골프공 | | 장갑 | |
| 골프용품 | | 한우 | |
| 골프화 | | 한지 | |
| 과일 | | 향수 | |
| 꿀 | | 홍삼 | |
| 내용물 | | 화장품 | |
| 디퓨저 | | 반려동물 용품 | |
| 모자 | | 보디 제품 | |
| 뽁뽁이 | | 종이 완충재 | |
| 송장 | | 취급 주의 | |
| 술 | | 파손 주의 | |

2. 다음 중 알맞은 어휘를 골라 문장을 완성해 보세요.

| 꿀 | 뽁뽁이 | 향수 | 홍삼 | 골프공 |
|---|---|---|---|---|

1) 길어진 밤샘 촬영으로 체력이 약해진 것 같아서               을/를 먹었어요.

2) 사람마다 좋아하는 향이 있어서           을/를 선물하기가 쉽지 않아요.

3) 화이트데이 때 사탕보다 몸에 좋은         을/를 주는 건 어떨까요?

4) 운동을 좋아하는 내 스타를 위해         에 이름을 새겨서 선물했어요.

5) 택배로 보낼 물건을         (으)로 여러 번 싸서 상자에 넣었어요.

## 3. 가로, 세로에 맞는 어휘를 넣어 보세요.

| | | | | | |
|---|---|---|---|---|---|
| 1) | | | | 3) | |
| | | 2) | | | |
| | 5) | | | | |
| 4) | | | | | |
| | | | 8) | 9) | |
| 7) | | | | | |
| 6) | | | | | |

<table>
<tr><th colspan="2">가로 ➡</th></tr>
<tr><td colspan="2">
1) 한국의 전통 종이<br>
2) 골프 칠 때 필요한 물품<br>
4) 받을 사람에게 보내는 짐의 내용을 적은 문서<br>
6) 향이 퍼지게 하는 방향제<br>
8) 땅콩이나 호두 등의 나무 열매 종류
</td></tr>
</table>

<table>
<tr><th>세로 ↑</th></tr>
<tr><td>
1) 한국산 소고기<br>
3) 속에 들어 있는 물건<br>
5) 예쁘게 보이기 위해, 또는 피부를 가꾸기<br>
   위해 얼굴에 바르는 것<br>
7) 몸을 가꾸기 위해 사용하는 것  예) ○○ 제품<br>
9) 사과, 배, 포도 등의 음식
</td></tr>
</table>

## 덕질 가이드 이런 선물은 주의해서 보내세요

팬들이 소속사에 선물을 보내면 연예인이 직접 받는 게 아니라 소속사를 통해서 받게 되죠. 기념일 같은 경우는 스타에게 선물을 바로 전달할 때가 많지만 특별한 날이 아닐 때는 선물이 웬만큼 모였을 때 스타에게 선물을 가져다주게 돼요. 그래서 유통기한이 얼마 안 남았거나 빨리 상할 수 있는 음식은 피하는 게 좋답니다.

꼭 보내야 한다면 직접 가지고 가서 담당 매니저에게 전달하거나 소속사에 전화해서 보내도 되는지 확인하는 게 좋아요. 특히 꽃이나 케이크는 당일에 받아야만 하는 선물이기 때문에 소속사에 확인 후에 업체에서 직접 배송할 수 있도록 해야 무사히 스타에게 전해질 수 있어요.

또한 깨지기 쉽거나 조심해서 다뤄야 하는 선물은 택배 상자에 꼭 표시해야 돼요. 우체국 택배는 좀 더 안전하게 배송이 되는 편이지만 다른 택배 회사를 통해 보낼 때는 취급 주의, 파손 주의 스티커를 사서 붙이는 것이 좋아요.

# 8과 소속사의 SNS 활동

## STEP 1 · SNS 용어 이해하기

1. 한국의 연예인 소속사에서는 다양한 SNS 계정을 운영하고 있어요. SNS에서 사용하는 용어들에 어떤 것들이 있는지 살펴보세요.

팔로워, 팔로잉, 맞팔, 언팔, 댓글, 좋아요, 게시물, 프사, 신고, 차단, 공유, 개설

해시태그, 디엠, 피드, ○○스타그램, 인스타 스토리, 릴스, 라방, 공개, 비공개, 공식 계정

타임라인, 뉴스 피드, 친구, 그룹, 태그, 메시지

채널, 좋댓구알(좋아요, 댓글, 구독, 알림 설정), 먹방, 구독자, 쇼츠, 섬네일, 알고리즘, 조회 수, ASMR, 브이로그, 왓츠인마이백, 언박싱, 루틴, 하울

트윗, 리트윗(알티), 멘션, 트친, 마음, 답글, 쪽지, 인장, 블락, 총공계

2. 여러분의 스타가 소속된 소속사에서 운영하는 SNS 계정 주소를 찾아 써 보세요.

| 스타의 이름 | 소속사 이름 | SNS | SNS 주소 |
|---|---|---|---|
|  |  |  |  |
|  |  |  |  |

**STEP 2** SNS 이벤트 참여하기

1. 소속사에서는 소속 연예인의 팬들을 위해 이벤트를 열기도 해요. 어떤 이벤트가 SNS로
   올라오는지 살펴보세요.

배우의 소속사에서 진행하는 드라마 본방 사수
이벤트예요. 본방송을 시청한 후에 인증 사진을
해시태그와 함께 소속사 SNS에 올려서 당첨되면
선물을 받을 수 있어요.

아이돌 소속사에서 진행하는 데뷔 기념일
팬 이벤트예요. 팬클럽을 대상으로 티켓을
판매하고, 다양한 코너를 아이돌 멤버와 팬들이
함께할 수 있어요.

2. 소속사 SNS에서 최근에 진행했거나 지금 진행하고 있는 이벤트를 찾아 써 보세요.

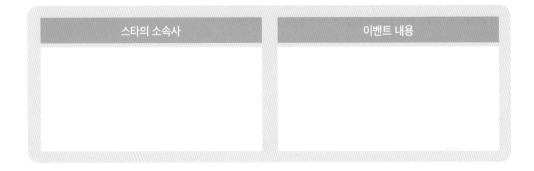

| 스타의 소속사 | 이벤트 내용 |
|---|---|
|  |  |

1. 소속사 SNS 이벤트에 응모해서 당첨되면 정말 좋겠죠? 당첨 결과 게시물과 DM에 어떤 내용이 있는지 살펴보세요.

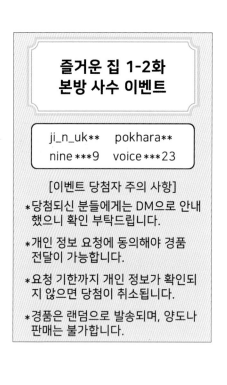

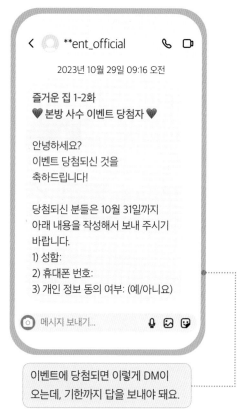

> 이벤트에 당첨되면 이렇게 DM이 오는데, 기한까지 답을 보내야 돼요.

2. 위의 글을 읽고 이벤트 당첨자 주의 사항의 내용과 맞으면 O, 틀리면 X 하세요.

1) 당첨된 사람들에게는 전화로 연락해서 알려 줄 거예요.

2) 선물을 받으려면 개인 정보 요청에 동의해야 돼요.

3) 내가 받은 선물을 다른 사람에게 양도하거나 판매해도 괜찮아요.

4) 요청한 날짜까지 개인 정보를 보내지 않으면 선물을 못 받아요.

**스타의 소속사 SNS 둘러보고 댓글 남기기**

1. 소속사의 SNS에 대한 질문에 대답해 보세요.

| | |
|---|---|
| 소속사 이름이 뭐예요? | |
| 소속사에는 어떤 SNS 계정이 있나요? | ☐ 인스타그램　　☐ 페이스북　　☐ 유튜브　　☐ 트위터<br>☐ 위버스　　☐ 기타(　　　　　　　　　　　　　) |
| 가장 활발한 SNS는 뭐예요? | ☐ 인스타그램　　☐ 페이스북　　☐ 유튜브　　☐ 트위터<br>☐ 위버스　　☐ 기타(　　　　　　　　　　　　　) |
| 가장 활발한 SNS 계정 주소가 뭐예요? | |
| 여러분은 하루에 얼마나 자주 소속사의 SNS를 확인하나요? | ☐ 하루에 1~2회 확인한다.<br>☐ 알림이 뜰 때만 확인한다.<br>☐ 시간 날 때마다 수시로 확인한다. |

2. 소속사의 SNS 이벤트에 참여한 경험에 대해 대답해 보세요.

| | |
|---|---|
| 이벤트에 참여한 적이 있나요? | ☐ 예　　　　　　☐ 아니요 |
| 어떤 이벤트에 참여해 봤어요? | ☐ 본방 사수　　☐ 생일　　☐ 데뷔 기념일　　☐ 팬 미팅<br>☐ 앨범 발매　　☐ 셀카　　☐ 기타(　　　　　　　　　　) |
| 이벤트에 당첨된 적이 있나요? | ☐ 예　　　　　　☐ 아니요 |
| 당첨 선물이 무엇이었나요? | |
| 당첨됐을 때 기분이 어땠어요? | |

3. 소속사의 SNS에 가장 최근에 올라온 게시물이 무엇인지 확인하고 해시태그와 함께
   댓글을 달아 보세요.

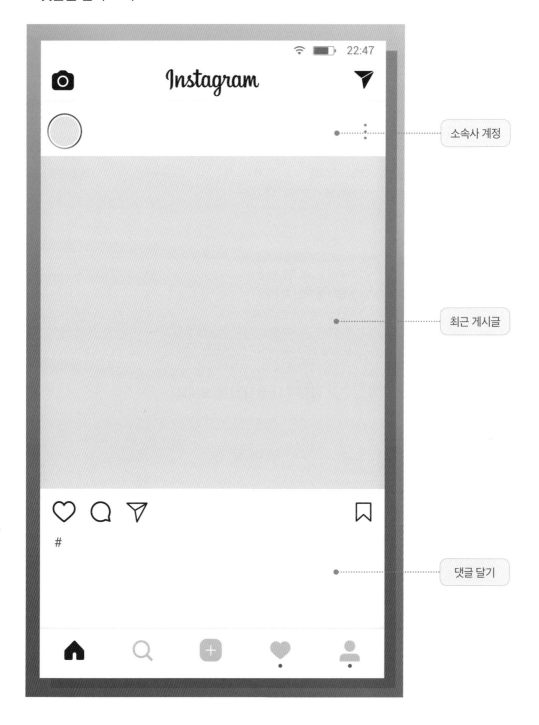

# 어휘

## 1. 다음 어휘의 뜻을 사전에서 찾아 써 보세요.

| 어휘 | 뜻 | 어휘 | 뜻 |
|---|---|---|---|
| 개설 | | 비공개 | |
| 게시물 | | 셀카 | |
| 경품 | | 신고 | |
| 계정 | | 알림 | |
| 공개 | | 양도 | |
| 공식 | | 언박싱 | |
| 공유 | | 언팔 | |
| 구독 | | 쪽지 | |
| 답글 | | 차단 | |
| 당첨 | | 판매 | |
| 동의 | | 개인 정보 | |
| 랜덤 | | 본방 사수 | |
| 맞팔 | | 인증 사진 | |
| 먹방 | | 조회 수 | |

## 2. 다음 중 알맞은 어휘를 골라 문장을 완성해 보세요.

> 신고    알림    쪽지    공식    셀카

1) 소속사의             SNS를 팔로우했어요.

2) 내 스타를 사칭하는 인스타그램 계정이 있어서            을/를 했어요.

3) SNS에 새 게시물           이/가 떠서 바로 확인해 봤어요.

4) 스타와 같이 찍은           을/를 SNS에 올렸더니 모두 부러워하더라고요.

5) 팬 카페에서 회원들에게 행사에 대한 단체           을/를 보냈어요.

3. 소속사 이벤트 당첨자에 대한 주의 사항들이에요. 빈칸에 들어갈 어휘를 골라 아래에 써 보세요.

| 당첨 | 양도 | 경품 | 랜덤 | 개인 정보 |

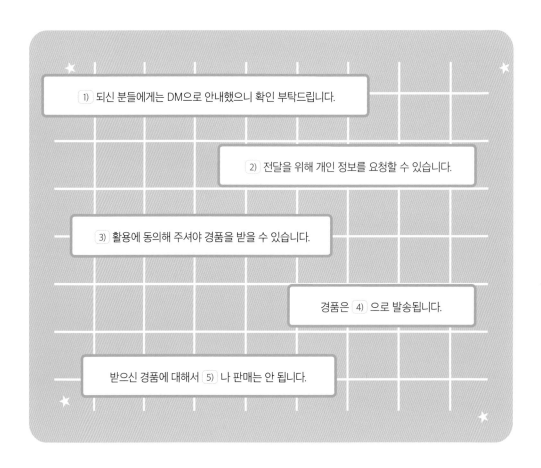

1) ( ) 되신 분들에게는 DM으로 안내했으니 확인 부탁드립니다.

2) ( ) 전달을 위해 개인 정보를 요청할 수 있습니다.

3) ( ) 활용에 동의해 주셔야 경품을 받을 수 있습니다.

경품은 4) ( ) 으로 발송됩니다.

받으신 경품에 대해서 5) ( ) 나 판매는 안 됩니다.

1)

2)

3)

4)

5)

# 덕질 가이드 SNS 사칭 계정 조심하세요!

요즘 연예인이나 소속사를 사칭한 인스타그램 계정이 심각한 사회 문제가 되고 있어요. 예전에는 진짜 계정과 좀 달라서 가짜 계정이라는 걸 알기 쉬웠지만 최근 만들어진 계정들은 구별하기가 어려울 정도로 비슷한 경우가 많답니다.

그렇게 만들어진 사칭 계정은 연예인의 실제 계정을 팔로우한 팬들의 계정에 DM을 보내요. 내 팬이 되어 주어서 고맙다거나 팬의 게시물에 '좋아요'를 누르기도 하죠. 그것을 본 팬들은 진짜 내 스타가 보낸 DM이라고 착각하게 돼서 너무 좋은 나머지 제대로 확인하지도 않고 DM에 답장까지 하는 일이 생겨요.

이러한 사칭 계정은 단순한 인사에서 끝나지 않고 금전을 요구하는 경우도 있어 사기 피해로 이어질 수도 있으니까 정말 조심해야 돼요.

이거 하나만 알아 두세요. 연예인은 팬들에게 절대 개인 DM을 보내지 않아요. 그러니까 혹시라도 이런 사칭 계정으로부터 DM을 받으면 꼭 신고하세요!

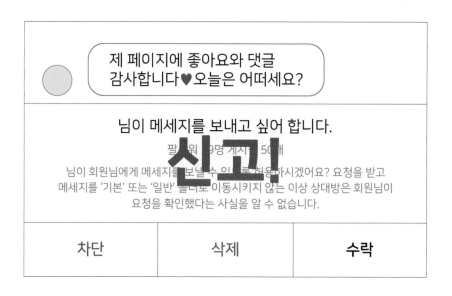

## PART III

# 행사는 갈까 말까
# 고민 말고 가자!

덕질을 하다 보면 선물처럼 찾아오는 행사들이 있어요.
거리가 멀거나 시간의 여유가 없어서 갈까 말까 망설여지기도 하지요.
하지만 갈 수 있으면 무조건 가는 것을 추천해요!

**STEP 1** 일정과 장소 확인하기

1. 생일 카페는 스타의 생일을 축하하기 위해 빌린 카페를 말해요. 어떤 곳인지, 무슨 이벤트를 하는지 살펴보세요.

이벤트 기간을 반드시 확인하세요. 보통 생일을 기준으로 2일 또는 3일 정도 운영해요.

생일 카페를 줄여서 '생카'라고도 불러요.

특전이란 특별히 주는 선물을 말해요. 생일 카페에서 음료나 디저트를 주문했을 때 받을 수 있는 특전도 있고, 그 밖에 선착순 특전도 있어요. 받고 싶은 특전을 고르고 방문 계획을 세우는 것이 좋아요.

2. 여러분의 스타는 생일이 언제예요? 생일 카페 이벤트를 찾아서 정보를 채워 보세요.

| 스타의 생일 | 년 월 일 |
|---|---|
| 일시 | |
| 장소 | |
| 특전 | |

올해 이벤트가 이미 끝났으면 지난 정보를 적어 보세요. 내년을 준비하는 데 도움이 될 거예요.

1. 생일 카페는 입구부터 내부까지 스타와 관련된 사진이나 소품으로 장식되어 있어요.
   어떻게 꾸며져 있는지 카페를 둘러보세요.

카페 입구에 배너와 현수막 등이 비치되어 있어요.

카페 내부에 들어가면 풍선이나 가랜드 장식이 있고
액자와 소품들도 많이 있어요.

등신대가 있다면 옆에 서서 스타와 함께 사진을
찍어 보세요.

카페 곳곳이 포토존이에요. 방문해서 다양한 사진을
남겨 보세요.

2. 여러분은 생일 카페에 가면 어디에서, 어떻게 사진을 찍고 싶어요? 콘셉트를 정해서
   아래에 쓰거나 그려 보세요.

## STEP 3 개인 굿즈 나눠 주기

1. 생일 카페에 방문하는 팬 중에 자기가 가지고 있는 굿즈를 다른 팬들에게 나눠 주는 사람도 있어요. 어떻게 받을 수 있는지 살펴보세요.

생카 나눔 존에 팬 여러분께 드리고 싶은 엽서와 스티커를 두고 왔어요.
다음 사람을 위해 1개씩만 가져가 주세요~

특정 장소에 나눔을 할 물건을 놓아두고 가는 경우가 있어요. 수량이 많지 않을 테니 빨리 가서 겟(get)하는 게 좋겠지요?

제가 가지고 있는 우리 비니님의 포토 카드를 생카 방문 팬들에게 나눠 주려고 합니다.
저는 10일 1시부터 2시까지 카페에 있을 거예요. 핑크색 티셔츠를 입은 사람을 찾아 주세요.:)

직접 만나서 받는 거니까 여러분도 고마운 마음을 전할, 작은 선물을 준비해서 가 보세요.

2. 여러분도 생일 카페에서 다른 팬들에게 나눠 주고 싶은 굿즈가 있어요? 어떤 방법으로 나눠 주고 싶어요? 위의 글을 참고하여 글을 작성해 보세요.

과제 # SNS에 생일 카페 방문 후기 올리기

1. 생일 카페에 다녀왔으면 SNS에 자랑을 해야겠지요? 다른 사람들은 어떻게 썼는지
   살펴보세요.

해시태그는 '생일
카페, 생카, 후기'
등의 단어를 넣어서
달면 돼요.

'예뻐요, 귀여워요,
행복해요, 신나요' 등
여러분이 느낀 것을
표현해 보세요. 그리고
카페를 준비한 사람들에
대한 감사 인사도 남겨
보세요.

카페에서 찍은
사진들도 자랑해
보세요.

귀욤

#이지니생카 #이진생일카페
#이지니생카후기 #생카후기

인생 첫 생카였어요! 카페 입구에 배우님이
딱 서 있어요. 내부도 엄청 예뻐서 깜짝
놀랐어요. 오픈 시간에 가서 선착순 특전도
받았어요. 넘 행복해요♡ 내년에도 또 가고
싶어요!! 카페 준비해 주셔서 감사합니다.:)

2. 해시태그는 뭐라고 쓰는 게 좋을까요? 위의 글을 참고하여 다양한 해시태그를 써
   보세요.

#

#

#

#

#

#

3. 생일 카페에서 찍은 사진들 중에 어떤 사진을 올릴지 골라 봅시다.

사진을 올릴 때는 그날 카페에 방문한 다른 팬들의 얼굴이 나오지 않도록 주의하세요~

4. 이제 후기를 써 보세요. 다음 질문에 간단히 답을 한 후 내용을 연결하여 완성해 보세요.

1) 방문한 첫 느낌이 어땠어요?

2) 거기에서 무엇을 했어요?

3) 어떤 특전을 받았어요? 어땠어요?

4) 더 하고 싶은 말이 있으면 써 보세요.

5. 자, 그럼 완성한 후기를 SNS에 올려 보세요.

## 어휘

1. 다음 어휘의 뜻을 사전에서 찾아 써 보세요.

| 어휘 | 뜻 | 어휘 | 뜻 |
|------|-----|------|-----|
| 가랜드 | | 알차다 | |
| 굿즈 | | 액자 | |
| 꾸미다 | | 입구 | |
| 나누다 | | 장식 | |
| 내부 | | 특전 | |
| 등신대 | | 풍선 | |
| 방문하다 | | 해시태그 | |
| 배너 | | 후기 | |
| 빌리다 | | 손 하트 | |

2. 다음 중 알맞은 어휘를 골라 문장을 완성해 보세요.

| 알차다 | 빌리다 | 나누다 | 방문하다 | 꾸미다 |
|--------|--------|--------|----------|--------|

1) 생일 카페를 _____ 는 모든 팬들에게 기념품을 드립니다.

2) 뮤지컬을 보러 가는데 자리가 무대와 멀어서 오페라 글래스를 _____ 았어요/
   었어요.

3) 이번에 시즌 그리팅을 샀는데 달력, 다이어리, 포토 카드, 스티커 등 구성품이 아주

   _____ 게 들어 있어요.

4) 한쪽 벽을 우리 가수님의 1집부터 10집까지 앨범 재킷들로 _____ 아서/어서 너무
   예뻤어요.

5) 작년 생카에서 특전으로 받은 종이컵이 2개 있어서 1개를 _____ 아/어 드리려고
   합니다. 원하시는 분은 댓글을 달아 주세요.

3. 다음은 생일 카페의 내부 모습이에요. 빈칸에 들어갈 어휘를 골라 써 보세요.

| 풍선 | 등신대 | 배너 | 액자 | 가랜드 |

1) _____    4) _____

2) _____    5) _____

3) _____

## 덕질 가이드 특전 보관 노하우

 여러분은 어떤 특전들을 가지고 있어요? 어떻게 보관하고 있어요? 특전은 사진이나 엽서, 브로마이드와 같이 크기가 다양한 종이류도 있고 종이컵이나 컵 홀더와 같이 부피가 있는 물건들도 있어요. 종이는 구겨지거나 찢어지기 쉽고 부피가 있는 물건은 찌그러지기 쉬워서 보관할 때 주의해야 돼요. 다른 팬들이 어떻게 특전들을 보관하는지 노하우를 살펴볼까요?

### 1) 포토 카드는 바인더에

포토 카드용 바인더가 있어요. 사이즈별로 다양하니 여러분에게 필요한 것으로 준비해서 정리해 보세요.

### 2) 포스터나 브로마이드는 지관통에

포스터나 브로마이드는 엄청 커요. 그렇다고 접어서 보관할 수는 없죠? 돌돌 말아서 지관통에 보관해 보세요.

### 3) 부피가 있는 물건은 슈즈 케이스에

투명하게 생긴 슈즈 케이스에 부피가 있는 굿즈들을 진열하듯이 보관해 보세요. 보관도 깨끗하게 할 수 있고 자주 볼 수 있어서 좋아요.

메모

## 10과 무대 인사에서 스타의 실물을 본다면?

**STEP 1** 무대 인사 일정, 누구보다 빨리 알기

1. 무대 인사는 감독, 배우들이 영화 상영 전이나 후에 관객들에게 인사하는 행사예요.
   일정은 어디에서 알 수 있을까요? 어떻게 하면 빨리 알 수 있을까요?

영화 행사 정보를 알려주는 커뮤니티의 SNS나, 영화관 및 영화 제작사의 SNS 계정을 팔로우해 놓으세요. 또는 관련 홈페이지를 즐겨찾기에 추가하세요.

무대 인사는 영화 상영 전(시영 시) 또는 상영 후(종영 시)에 열려요.

| 날짜 | 극장명 | 상영관 | 상영 시간 | 무대 인사 | 참석자 |
|------|--------|--------|-----------|-----------|--------|
| 4/30(일) | CGV 용산아이파크몰 | 15관 | 13:20 | 종영 시 | 장민우감독, 김재민, 박찬, 조재희, 우해준 |
| | | 15관 | 15:55 | 시영 시 | |
| | | 4관 | 14:05 | 종영 시 | |
| | | | | 시영 시 | |

무대 인사의 날짜와 영화관 이름, 상영관, 상영 시간 정보를 잘 확인하세요. 참석자 정보는 감독이나 배우의 일정에 따라 달라질 수도 있어요.

2. 무대 인사 정보를 얻기 위해 어떤 SNS 계정을 팔로우해야 되는지 써 보세요. 또
   즐겨찾기에 추가해 놓을 홈페이지도 찾아서 써 보세요.

&lt;예시&gt;
instagram- cymovie_official
홈페이지- HelloActor

알림 설정도 잊지 마세요.

**1열 중앙 자리 티켓 차지하기**

1. 무대 인사는 5분~10분 정도 진행돼요. 이때 여러분의 스타를 최대한 가까이서 보는 게 좋겠지요? 어느 자리가 좋은 자리인지 살펴보세요.

**SCREEN**

> 감독과 배우들은 주로
> 이 공간에서 무대 인사를 해요.

> 중앙의 1, 2열이 가장 인기가 좋아요. 여기서는 배우와 눈 맞춤도 할 수 있고 선물을 전해 주기도 쉬워요. 그만큼 이 자리의 표를 구하기가 쉽지 않아요.

중앙의 1, 2열을 차지하지 못했다면 왼쪽 또는 오른쪽의 1열도 좋아요. 감독과 배우들이 입장하고 퇴장하는 길이기 때문에 지나갈 때 선물을 전해 주거나 악수할 기회를 얻을 수도 있어요. 그다음으로 추천하는 자리는 통로 자리예요. 배우들이 팬 서비스로 뒷좌석까지 갔다가 올 때도 있는데 그때 손을 내밀어 손바닥을 마주칠 수 있어요.

2. 무대 인사에서 최대한 좋은 자리를 구하기 위해서는 준비가 필요해요. 어떻게
   준비하면 될까요? 순서대로 나열해 보세요.

① 영화관 앱에 결제 수단 입력해 놓기

② 티켓 예매 연습해서 익숙해지기

③ 주요 영화관 앱에 회원 가입하기

④ 주요 영화관 앱 깔기

④    →           →          →

그 외에 또 어떤 좋은 방법이 있을까요?
1. 티케팅을 잘하는 친구에게 부탁하기
2. 인터넷이 빠른 장소 알아 두기

여러분, 아무리 어려워도 프리미엄 티켓은 사지 마세요.

1. 무대 인사 때 앞 열에 앉았다면 스타에게 선물을 전해 줄 수 있어요. 인상적인 선물로
   뭐가 있는지 살펴보세요.

| 그 자리에서 착용할 수 있는 머리띠나 모자 | 축하의 마음을 담은 꽃다발이나 꽃바구니 | 영화에 나왔던 중요한 소품 |

2. 무대 인사 후기를 찾아보고 어떤 선물이 인기가 있는지 써 보세요. 그리고 여러분은 이
   중에서 어떤 선물을 준비하고 싶은지 골라 보세요.

| 인기 있는 선물 목록 | 나의 선택은? |
| --- | --- |
|  |  |

1. 영화 무대 인사는 한 군데에서만 하는 것이 아니고 근처의 여러 영화관을 돌면서 진행해요. 다음 무대 인사 일정을 보고 질문에 답해 보세요.

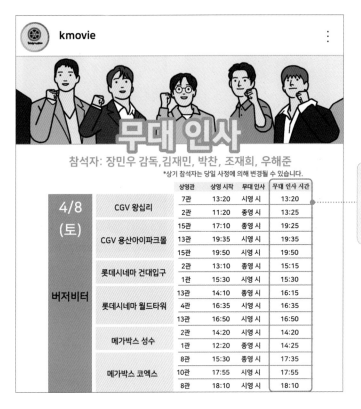

**kmovie**

무대 인사

참석자: 장민우 감독, 김재민, 박찬, 조재희, 우해준

*상기 참석자는 당일 사정에 의해 변경될 수 있습니다.

| | 상영관 | 상영 시작 | 무대 인사 | 무대 인사 시간 |
|---|---|---|---|---|
| 4/8 (토) | CGV 왕십리 7관 | 13:20 | 시영 시 | 13:20 |
| | 2관 | 11:20 | 종영 시 | 13:25 |
| | CGV 용산아이파크몰 15관 | 17:10 | 종영 시 | 19:25 |
| | 13관 | 19:35 | 시영 시 | 19:35 |
| | 15관 | 19:50 | 시영 시 | 19:50 |
| | 롯데시네마 건대입구 2관 | 13:10 | 종영 시 | 15:15 |
| | 1관 | 15:30 | 시영 시 | 15:30 |
| 버저비터 | 롯데시네마 월드타워 13관 | 14:10 | 종영 시 | 16:15 |
| | 4관 | 16:35 | 시영 시 | 16:35 |
| | 13관 | 16:50 | 시영 시 | 16:50 |
| | 메가박스 성수 2관 | 14:20 | 시영 시 | 14:20 |
| | 1관 | 12:20 | 종영 시 | 14:25 |
| | 메가박스 코엑스 8관 | 15:30 | 종영 시 | 17:35 |
| | 10관 | 17:55 | 시영 시 | 17:55 |
| | 8관 | 18:10 | 시영 시 | 18:10 |

이 영화는 122분짜리 영화예요. 그러므로 무대 인사 시작 시간을 이와 같이 대략 유추할 수 있어요.

1) 무대 인사 팀의 이동 경로는 어떻게 될까요? 빈칸을 채워 보세요.

CGV 왕십리 ➡ 메가박스 성수 ➡

롯데시네마 건대입구 ➡ 롯데시네마 월드타워 ➡

➡

2) 여러분이 위의 무대 인사에 모두 참여할 경우, 어떻게 이동하면 될까요? 지하철 노선도를 보며
   일정표를 완성해 보세요.

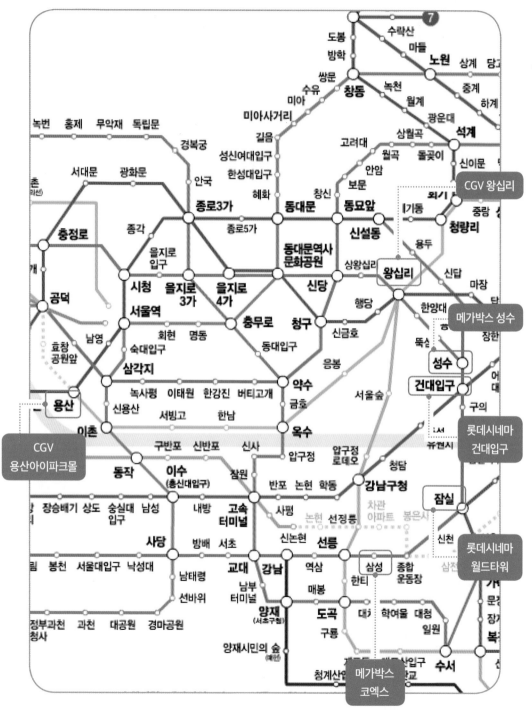

| 시간 | 장소 | 이동 수단 | 무대 인사 | 기타 |
|---|---|---|---|---|
| 12:30-13:10 | 집 → CGV 왕십리 | 2호선 | | |
| 13:10-13:35 | CGV 왕십리 | | 13:20 7관<br>13:25 2관 | |
| 13:35-13:55 | CGV 왕십리 → 메가박스 성수 | 2호선 | | |
| 13:55-14:15 | 메가박스 성수 | | | 간단히 점심 |
| 14:15-14:35 | 메가박스 성수 | | 14:20 2관<br>14:25 1관 | |
| 14:35-14:50 | 메가박스 성수 →롯데시네마 건대입구 | 2호선 | | |
| 14:50-15:10 | 롯데시네마 건대입구 | | | 커피 한 잔 |
| 15:10-15:50 | 롯데시네마 건대입구 | | 15:15 2관<br>15:30 1관 | |
| | | | | |
| | | | | |
| | | | | |
| | | | | |
| | | | | |
| | | | | |

Q: 무대 인사 팀의 모든 일정을 함께하려면 영화는 언제 보나요?

A: 영화표는 구매해야 되지만 영화는 볼 수 없어요. 그럼 영화는 언제 보냐고요? 무대 인사가 없는 날 보면 돼요.

Q: 영화를 안 보고 무대 인사만 보려면 영화관에서 중간에 나오거나 들어가야 되는데 가능해요?

A: 네. 무대 인사를 보러 다니는 팬들이 많기 때문에 가능하기는 해요. 그렇지만 영화를 보러 온 일반 관람객도 많으니 방해가 되지 않도록 주의해야 돼요.

2. 여러분이 가 보고 싶은 무대 인사가 있어요? 티켓 예매부터 관람 계획을 세워 보세요.

1. 다음 어휘의 뜻을 사전에서 찾아 써 보세요.

| 어휘 | 뜻 | 어휘 | 뜻 |
|---|---|---|---|
| 개봉 | | 전하다 | |
| 결제하다 | | 종영 | |
| 상영관 | | 퇴장하다 | |
| 시영 | | 결제 수단 | |
| 예매하다 | | 눈 맞춤 | |
| 이동하다 | | 악수를 하다 | |
| 입장하다 | | 앱(을) 깔다 | |

2. 다음 중 알맞은 어휘를 골라 문장을 완성해 보세요.

| 종영 | 개봉 | 이동하다 | 결제하다 | 예매하다 |
|---|---|---|---|---|

1) 김준호 감독의 새 영화는 6월에 　　　　　　　 예정이에요.

2) 교통비 할인 카드가 있어서 그걸로 　　　　　　　 았어요/었어요.

3) 드라마 　　　　　　　 후에도 결말에 대해서는 아직 말이 많아요.

4) 그때는 연휴라서 비행기 표를 구하기 쉽지 않을 테니까 서둘러서 　　　　　　　 (으)세요.

5) 무대 인사 팀이 다른 영화관으로 　　　　　　　 (으)ㄹ 때는 뭘 타고 가나요?

3. 다음은 영화 무대 인사 모습입니다. 빈칸에 들어갈 어휘를 골라 써 보세요.

눈 맞춤          전하다          퇴장하다          입장하다          악수를 하다

1)

2)

3)

4)

5)

무대 인사 말고도 영화 관련 행사에서 내 스타를 직접 볼 수 있는 기회가 있어요. 어떤 행사가 있는지 알아볼까요?

## 1. VIP 시사회

시사회는 영화를 개봉하기 전에 특정 사람들에게 선보이는 자리예요. 시사회 중에서도 연예인, 인플루언서 등을 초대하여 영화를 선보이는 VIP 시사회가 있어요. 이때는 감독과 출연 배우뿐만 아니라 초대받은 VIP들이 포토존에서 인사를 하는 시간도 있기 때문에 유명인을 한자리에서 볼 수 있어요.

## 2. GV 또는 메가토크

GV나 메가토크는 쉽게 말해서 영화 상영이 끝난 후 이어지는 Q & A 시간이라고 보면 돼요. 감독과 배우가 기자 또는 관객들의 질문에 답을 하면서 영화 속 숨은 의미, 영화 촬영 중 비하인드 스토리를 들려주는 자리예요. 약 1시간 정도 진행되기 때문에 내 스타를 오래 바라볼 수 있다는 장점이 있어요.

## 11과 팬 미팅에서 만나요!

**STEP 1** 궁금한 점 미리 올리기

1. 팬 미팅을 앞두고 팬들이 스타에게 물어보고 싶은 것을 미리 조사하기도 해요. 다른
   팬들이 어떤 질문을 올리는지 살펴보세요.

---

### 무엇이든 물어보세요 이벤트

배우님에게 궁금한 점을 보내 주세요.
팬 미팅 현장에서 직접 답변해 드립니다 :)

참석하시는 팬 미팅 날짜를 선택해 주세요

○ 12월 10일(토)
○ 12월 11일(일)

> 너무 개인적인 질문은 하지 않는 게 예의라는 것을 잊지 마세요.

---

### 배우님에게 궁금한 점을 써 주세요.

<예시>

- MBTI가 어떻게 되세요?
- 팬들에게 가장 추천하고 싶은 여행지는 어디예요?
- 자신이 예쁘다고 생각될 때는 언제예요?
- 작품을 고를 때 가장 중요하게 생각하는 게 뭐예요?
- 쉴 때 가장 많이 하는 게 뭐예요?
- 지금 휴대폰의 배경 화면이 뭐예요?

---

2. 여러분이 팬 미팅에 간다면 어떤 질문을 올리고 싶어요? 평소에 궁금했던 것을 생각해
   보고 질문 3개를 써 보세요.

| 1 |
|---|

| 2 |
|---|

| 3 |
|---|

1. 팬 미팅에서 스타와 팬이 함께 게임을 하는 경우가 있어요. 어떤 게임들이 있는지
   살펴보세요.

단체 줄넘기

한 발로 오래 서 있기

바구니로 공 받기

눈싸움

용기를 내서 무대에
올라가 여러분의 스타와
게임을 즐겨 보세요.

2. 여러분은 위의 게임 중에서 자신 있는 것이 있어요? 어떤 게임을 하면 마지막까지
   살아남을 수 있는지 이야기해 보세요.

1. 팬 미팅 후에 운이 좋으면 퇴근길을 볼 수 있어요. 다양한 퇴근길 모습을 살펴보세요.

팬 미팅이 끝나고 스타가 차에 오르기 전에
팬들에게 인사를 해 주는 모습이에요.

차가 출발한 후에도 손을 흔들어 보세요. 이렇게
가면서 창문을 열고 인사해 줄 수도 있어요.

공식적인 퇴근길 행사가 있으면
다행인데 안전 문제로 퇴근길 배웅이
금지되는 경우도 있어요. 상황에 맞게
질서를 지키며 팬 활동을 해 보세요.

2. 스타가 집으로 돌아가는 팬들을 위해 배웅회를 하는 경우도 있어요. 배웅회가 있다면
   스타에게 무슨 말을 하고 싶은지 쓰고 연습해 보세요.

배웅회에서 2-3초 정도 스타와 눈을 마주칠 시간이 있어요.
짧지만 그 시간을 활용해서 하고 싶은 말을 해 보세요.

# 과제 팬 미팅에서 내 스타 만날 준비하기

1. 팬 미팅에는 어떤 복장으로 참석하는 게 좋을까요? 다음 질문에 대답해 보세요.

무조건 예쁘고 멋있게 입기

무조건 편한 옷에 편한 신발로 가기

눈밭에 굴러도 안 추울 정도로
두껍게 입기

얇은 옷을 여러 개
겹쳐서 입기

1) 팬 미팅에 참석해 본 경험자들의 대화예요. 여러분은 어떤 사람의 의견에 동의해요?

나는 저번에 구두를 신고 갔다가 후회했어. 오래 서 있어야 되는데 발이 아파서
그 다음부터는 항상 운동화를 신고 가.

난 불편해도 가수님이 나랑 눈이 마주칠지도 모르니까 무조건 제일 예쁜 옷으로 입고 가~

추울까 봐 두꺼운 옷을 입고 갔는데 실내에선 너무 덥고 옷을 놓을 데가 없어서 고생했어.
얇은 걸 여러 개 겹쳐 입고 핫팩을 챙겨 가는 걸 추천해.

2) 일주일 뒤에 팬 미팅이 있다면 여러분은 어떤 옷을 입고 가고 싶어요?

2. 팬 미팅 중 순간적으로 조용할 때, 용감하게 짧고 강렬한 메시지를 전한다면 어떤 말을
   하고 싶어요? 써 보세요.

사랑해요!

예뻐요!

3. 그 밖에 무엇을 준비하고 싶어요? 준비물을 써 보세요.

핸드폰 LED 전광판

응원봉

선물

야광 팔찌

슬로건

## 어휘

1. 다음 어휘의 뜻을 사전에서 찾아 써 보세요.

| 어휘 | 뜻 | 어휘 | 뜻 |
|------|-----|------|-----|
| 개인적 | | 추천하다 | |
| 공식적 | | 프로그램 | |
| 무대 | | 손을 흔들다 | |
| 미리 | | 야광 팔찌 | |
| 배웅하다 | | 용기를 내다 | |
| 복장 | | 질문을 올리다 | |
| 올라가다 | | 질서를 지키다 | |
| 응원봉 | | | |

2. 다음 중 알맞은 어휘를 골라 문장을 완성해 보세요.

| 복장 | 응원봉 | 추천하다 | 올라가다 | 지키다 |
|------|--------|----------|----------|--------|

1) 콘서트에서             을/를 열심히 흔들었더니 팔이 아파요.

2) 스타를 보려고 팬들이 몰렸지만 모두 질서를 잘          았/었어요.

3) 오늘 팬 미팅 때 무대에          (으)ㄴ 팬이 게임을 너무 잘하더라고요.

4) 서울역에서 팬 미팅 장소까지 어떻게 가는 게 좋을까요? 가장 빠른 교통편 좀         
   아/어 주세요.

5) 저 팬 사인회에 당첨됐어요! 어떤          (으)로 가면 될까요? 예쁜 옷? 편한 옷?
   당첨은 기대도 안 했는데 너무 행복해요~~~!

3. 다음은 팬 미팅에 다녀와서 쓴 후기 글이에요. 빈칸에 들어갈 어휘를 골라 써 보세요.

| 프로그램 | 배웅해 | 무대 | 용기를 내서 | 흔들어 주셔서 |

**[팬 미팅 후기] 꿈을 꾼 것 같아요.**

raMi

저 오늘 팬 미팅 다녀왔어요!

분명히 직접 보고 왔는데 왜 꿈인 것 같죠? 😃

팬 미팅 중간에 [ 1) ] 위에서 팬들과 함께하는 [ 2) ] 이 있었지요?

저 원래 부끄러움이 많은데 [ 3) ] 올라갔어요. 그런데 1등을 해서 유라 언니와 악수도 하고 셀카도 찍었어요.

팬 미팅 끝나고 유라 언니가 팬들을 [ 4) ] 주실 때 저를 알아봐 주시고 손을 [ 5) ] 너무 행복했어요.

몸은 피곤한데 잠이 올지 모르겠어요.

1)

2)

3)

4)

5)

덕메는 덕질 메이트를 줄인 말이에요. 팬클럽이나 팬 카페 등의 커뮤니티에서 알게 되어 덕메로서 우정을 유지하는 사람들이 있어요. 같은 스타를 좋아한다는 공통점만으로도 서로 공감하는 부분이 많겠지요? 또 덕메가 있으면 어려운 티케팅을 서로 도와가며 하거나 희귀한 굿즈를 힘을 합쳐 구할 수 있어서 좋아요.

이들은 일상에서도 서로 소통을 하지만 팬 미팅과 같은 행사가 있을 때는 더욱 똘똘 뭉쳐서 즐겨요. 보통 행사가 시작되기 훨씬 전에 도착해서 기다리기 때문에 덕메들은 삼삼오오 모여서 스타에 대한 정보를 공유하거나 행사에 즐겁게 참여할 계획도 세워요.

여러분도 마음이 맞는 덕메를 찾아보세요. 팬 활동을 적극적으로, 그리고 신나게 할 수 있을 거예요. 그렇지만 팬 활동이라는 특별한 상황에서 만든 인연이라 서로 성격이 맞지 않을 수도 있어요. 그러니까 여러분과 마음이 맞는 사람인지 생각해 보고 신중하게 다가가는 것이 중요하다는 거, 잊지 마세요.

# 12과 콘서트 100배 즐기는 방법

## STEP 1 예매 정보 확인하기

1. 콘서트에 가려면 티켓부터 예매해야겠지요? 언제, 어떻게 예매하면 되는지
   살펴보세요.

서울, 2024.5.11.(토) 18:00, 올림픽 체조경기장

〈티켓 오픈 안내〉
- 팬클럽 선예매 2024.4.3.(수) 10:00
- 티켓 오픈 2024.4.3.(수) 14:00
- 예매처 인터파크티켓, 멜론티켓

선예매는 다른 사람보다 먼저 티켓을 예매하는 거예요. 팬클럽 회원이나 특정 팬 사이트 회원들만 할 수 있어요. 가고 싶은 콘서트에 선예매가 있다면 어떤 사람이 참여할 수 있는지 알아보고 미리 준비해 보세요.

보통 선예매에서 표가 모두 매진되기 때문에 일반 티켓 판매에서는 표를 구하기 힘들어요. 그래도 포기하지 말고 가끔씩 나오는 취소 표를 잡아 보세요.

예매 사이트에서 예매 방법이 어떻게 되는지 미리 알아보세요. 그러면 티켓 예매 성공률을 높일 수 있을 거예요.

2. 가고 싶은 공연이나 콘서트가 있어요? 다음 정보를 알아보세요.

1) 선예매에 참여하려면 어떤 조건이 필요해요?

□ 팬클럽 가입    □ 팬 카페 가입    □ 멤버십 가입    □ 기타 (                    )

2) 예매하는 순서를 찾아 써 보세요.

<예시>  로그인 → 콘서트 선택 → 예매하기 버튼 클릭 → 날짜 선택 → 좌석 선택 → 결제

 ➡  ➡  ➡

 ➡  ➡

1. 콘서트에서 팬들이 노래에 맞춰 외치는 응원 구호를 들어 봤지요? 어떤 구호가 있는지 살펴보세요.

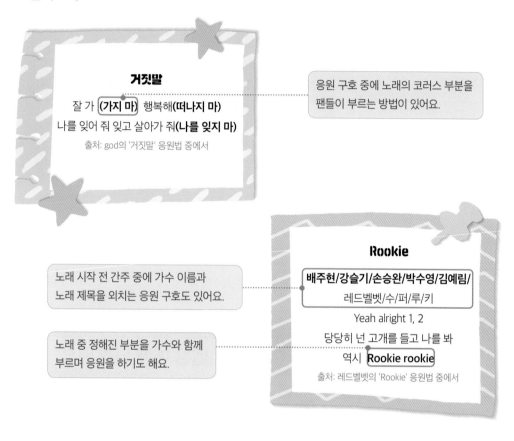

### 거짓말

잘 가 (가지 마) 행복해(떠나지 마)
나를 잊어 줘 잊고 살아가 줘(나를 잊지 마)

출처: god의 '거짓말' 응원법 중에서

응원 구호 중에 노래의 코러스 부분을 팬들이 부르는 방법이 있어요.

노래 시작 전 간주 중에 가수 이름과 노래 제목을 외치는 응원 구호도 있어요.

### Rookie

배주현/강슬기/손승완/박수영/김예림/
레드벨벳/수/퍼/루/키

Yeah alright 1, 2
당당히 넌 고개를 들고 나를 봐
역시 Rookie rookie

출처: 레드벨벳의 'Rookie' 응원법 중에서

노래 중 정해진 부분을 가수와 함께 부르며 응원을 하기도 해요.

2. 여러분이 좋아하는 노래가 있어요? 노래 가사와 팬들의 응원법을 쓰고 연습해 보세요.

1. 콘서트 티켓을 우편으로 받을 수도 있지만 현장에서 받는 방법도 있어요. 현장에서 티켓을 받으려면 어떻게 해야 될까요? 티켓 배부 현장을 살펴보세요.

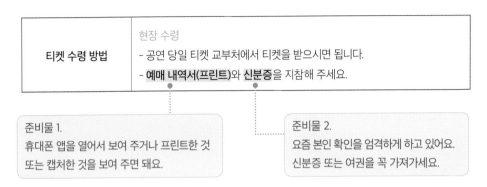

| 티켓 수령 방법 | 현장 수령<br>- 공연 당일 티켓 교부처에서 티켓을 받으시면 됩니다.<br>- **예매 내역서(프린트)**와 **신분증**을 지참해 주세요. |
| --- | --- |

준비물 1.
휴대폰 앱을 열어서 보여 주거나 프린트한 것 또는 캡처한 것을 보여 주면 돼요.

준비물 2.
요즘 본인 확인을 엄격하게 하고 있어요.
신분증 또는 여권을 꼭 가져가세요.

먼저 예매처를 확인하고 창구로 가세요.

예매처를 찾았으면 여러분 이름의 첫 번째 글자에 맞게 줄을 서서 티켓을 받으면 돼요.

2. 아래 두 사람은 어디에 줄을 서야 돼요? 왼쪽 그림에 각각 표시해 보세요.

1) 김민지

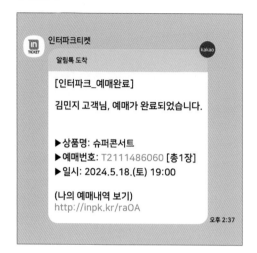

인터파크티켓

알림톡 도착

[인터파크_예매완료]

김민지 고객님, 예매가 완료되었습니다.

▶상품명: 슈퍼콘서트
▶예매번호: T2111486060 [총1장]
▶일시: 2024.5.18.(토) 19:00

(나의 예매내역 보기)
http://inpk.kr/raOA

오후 2:37

2) Pham Thi Phuong

**티켓 예매 확인서**

**스카이블루 1st 콘서트**
세종문화회관

관람 일시: 2024.11.3.(일) 18:00
예매자명: Pham Thi Phuong
좌석 번호: 1층 B열 115번
예매처: 멜론티켓

PART
III

1. 여러분이 좋아하는 가수의 대표곡 또는 신곡의 응원 구호를 연습해 보세요.

   1) 노래 가사를 쓰고 응원 구호를 외쳐야 하는 곳에 구호를 써 보세요.

   2) 노래를 틀어 놓고 응원 구호를 직접 외치면서 연습해 보세요.

2. 콘서트의 꽃은 '떼창'이지요. 노래를 몰라서 떼창에 참여하지 못하면 안 되니까 노래를
   연습해 보세요.

콘서트에서 팬들이 떼창을
하면 가수들이 감동을 받죠.
콘서트에 가기 전에 노래 연습을
열심히 해서 여러분의 가수에게
감동을 선물해 보세요.

1) 어떤 노래를 연습하고 싶어요? 노래 제목들을 써 보세요.

2) 노래를 여러 번 들으면서 연습해 보고 노래방에 가서도 연습해 보세요.

3. 자, 이제 준비됐나요? 그럼 콘서트장으로 출발!!

1. 다음 어휘의 뜻을 사전에서 찾아 써 보세요.

| 어휘 | 뜻 | 어휘 | 뜻 |
|---|---|---|---|
| 구호 | | 예매처 | |
| 떼창 | | 외치다 | |
| 멤버십 | | 우편 | |
| 선예매 | | 현장 | |
| 수령 | | 확인서 | |
| 신분증 | | 감동을 받다 | |
| 여권 | | 줄을 서다 | |

2. 다음 중 알맞은 어휘를 골라 문장을 완성해 보세요.

| 우편 | 선예매 | 떼창 | 외치다 | 감동을 받다 |
|---|---|---|---|---|

1) 콘서트 티켓을 누구보다 빠르게 _____ 하기 위해서 팬클럽에 가입했어요.

2) 티켓을 _____ (으)로 받기로 했는데 아직 못 받았어요.

3) 관객들이 준비한 슬로건 이벤트에 가수가 _____ 아서/어서 눈물을 흘렸어요.

4) 가수가 마지막 곡을 부르고 무대 뒤로 사라지자 관객들은 큰 소리로 앵콜을 _____ 기 시작했다.

5) 유나는 해외 콘서트라서 기대하지 않았는데 팬들이 _____ 을/를 해 줘서 너무 고마웠다고 말했다.

3. 다음은 티켓 예매와 관련된 내용이에요. 빈칸에 들어갈 어휘를 골라 써 보세요.

| 예매처 | 확인서 | 현장 | 신분증 | 줄을 서 주세요 |

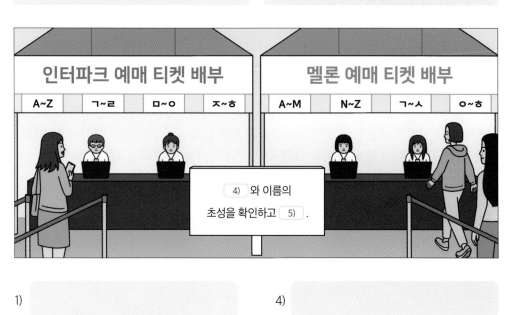

티켓 수령 방법

◉ ( ① ) 수령

○ 우편 수령  (3,000원)

현장에서 티켓을 받을 때는 본인 확인에
필요한 서류를 제시해야 합니다.

안  내

빠른 티켓 수령을 위해 ( ② )과
예매 ( ③ )를 미리 준비해 주세요.

인터파크 예매 티켓 배부

| A~Z | ㄱ~ㄹ | ㅁ~ㅇ | ㅈ~ㅎ |

멜론 예매 티켓 배부

| A~M | N~Z | ㄱ~ㅅ | ㅇ~ㅎ |

( ④ )와 이름의
초성을 확인하고 ( ⑤ ).

1)

2)

3)

4)

5)

## 덕질 가이드 치열한 티케팅 성공하기

인기 있는 콘서트의 티케팅은 정말 어려운 일이에요. 티케팅이 피 튀기는 전쟁만큼 치열하기 때문에 피케팅이라는 말도 생겼어요. 그 경쟁에서 살아남으려면 어떻게 해야 되는지 알아볼까요?

첫째, 여러분이 예매하려는 예매처의 티케팅 방식을 알아야 해요. 예매일이 다가오기 전에 티케팅 순서와 버튼 위치, 결제 방법을 외우고 또 외우세요.

둘째, 티켓 오픈 시간에 딱 맞춰서 들어가야 티켓을 손에 넣을 가능성이 높겠죠? 예매처마다 서버 시간이 1~2초 차이가 날 수 있어요. '타임시커' 같은 사이트에 가면 예매처의 서버 시간을 확인할 수 있어요.

셋째, 티케팅을 하기 위해 한꺼번에 많은 사람이 몰리기 때문에 로딩 시간이 길어요. 이때 새로고침(F5)을 하지 말고 계속 기다려야 돼요. 새로고침을 하면 순번이 뒤로 밀려나게 돼요.

넷째, 결제 방법은 무통장 입금이 가능하다면 무통장 입금을 선택하는 것이 유리해요. 무통장 입금은 예매가 완료된 이후 일정 시간 안에 입금을 하면 되기 때문에 카드로 결제하는 것보다 과정이 짧아서 시간을 벌 수 있어요.

티케팅 연습을 위한 모바일 게임도 다양하니 이용해 보세요. 자, 다음 티케팅은 우리 꼭 성공하기예요!

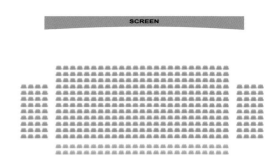

PART

# IV

# 내 스타를 위한 서포트,
# 어디까지 해 봤니?

좋아하는 스타를 위해서 무엇이든지 해 주고 싶은 마음은 너무나도 당연한 거겠죠!
여러분의 최애 스타를 위해서 어떤 서포트로 응원할 수 있는지 알아볼까요?

SUPPORT

## 13과 어디든지 달려가는 커피차 & 분식차

### STEP 1 서포트 메뉴 알아보기

1. 드라마나 영화 촬영장은 물론이고 요즘에는 예능 촬영장에도 커피차나 분식차로
서포트를 하는 경우가 많아요. 다음은 서포트 때 많이 하는 인기 메뉴인데, 어떤
음식이 있는지 살펴보세요.

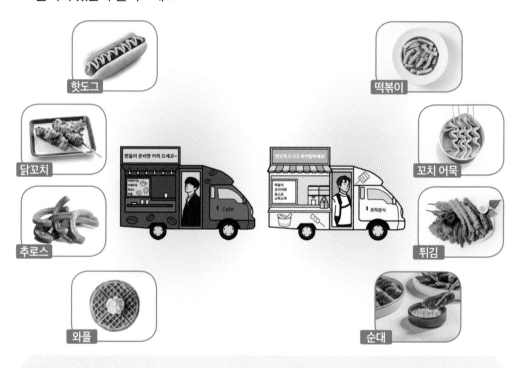

핫도그
떡볶이
닭꼬치
꼬치 어묵
추로스
튀김
와플
순대

> 커피차, 간식차, 분식차... 차 종류가 많죠? 보통 추로스나 와플 같은 것은 커피차 안에서도 가능해서 커피차
> 한 대만 불러도 되지만 핫도그나 닭꼬치처럼 조리를 해야 하는 메뉴는 간식차가 따로 필요한 경우도 있어요.
> 커피차 업체마다 다르니까 상황에 맞게 준비하면 돼요.

2. SNS에서 다른 팬들이 여러분의 스타에게 보낸 커피차나 분식차가 있는지, 또 어떤
업체가 괜찮은지 찾아보고, 그곳에는 어떤 메뉴가 인기 있는지도 알아보세요.

1. 서포트를 하려면 먼저 소속사에 이메일을 보내야 해요. 한국어로 이메일을 어떻게
   쓰면 되는지 살펴보세요.

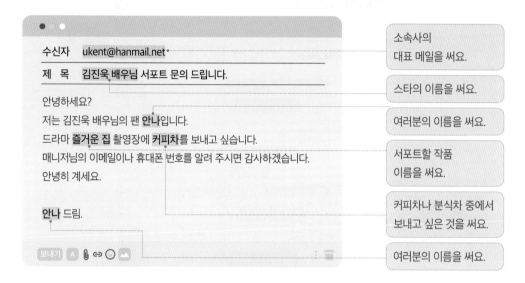

| | |
|---|---|
| 수신자    ukent@hanmail.net | 소속사의 대표 메일을 써요. |
| 제 목    김진욱 배우님 서포트 문의 드립니다. | 스타의 이름을 써요. |
| 안녕하세요? | |
| 저는 김진욱 배우님의 팬 **안나**입니다. | 여러분의 이름을 써요. |
| 드라마 **즐거운 집** 촬영장에 **커피차**를 보내고 싶습니다. | |
| 매니저님의 이메일이나 휴대폰 번호를 알려 주시면 감사하겠습니다. | 서포트할 작품 이름을 써요. |
| 안녕히 계세요. | |
| **안나** 드림. | 커피차나 분식차 중에서 보내고 싶은 것을 써요. |
| 보내기 A ⌀ ⇔ ◯ ▨ | 여러분의 이름을 써요. |

2. 여러분이 직접 소속사에 보내는 서포트 문의 이메일을 써 보세요.

수신자
제목

보내기 A ⌀ ⇔ ☺ ▨

1. 소속사에서 서포트가 가능하다고 하면 이제 커피차나 분식차를 알아봐야 해요.
   업체에 서포트에 대해 어떻게 문의하면 되는지 살펴보세요.

2. 서포트 업체의 질문에 어울리는 팬의 대답을 골라서 연결해 보세요.

| 서포트 업체의 질문 | 팬의 대답 |
| --- | --- |
| 일정이 나왔나요? | 100명 정도가 될 것 같아요. |
| 인원은 몇 명인가요? | 경기도 파주입니다. |
| 메뉴는 어떤 걸로 하시겠어요? | 9월 16일이에요. |
| 장소는 어디인가요? | 커피차 B세트로 할게요. |

## 과제 내 스타를 위한 커피차 & 분식차 보내기

1. 어떤 차를 보내고 싶어요? 이름을 쓰고 ☐ 에 ∨ 해 보세요.

☐

☐

2. 간식이나 분식을 보내고 싶다면 어떤 걸로 하고 싶어요? 이름을 쓰고 ☐에 ∨ 해 보세요.

### 간식

☐

☐

☐

☐

### 분식

3. 커피차나 분식차에는 현수막을 걸어서 스타를 응원할 수 있어요. 다음 빈칸에
   여러분이 좋아하는 스타와 작품의 이름을 넣어서 현수막을 완성해 보세요.

배우님과                              팀을 응원합니다!

            배우가 쏘는 맛있는 커피 드세요

스태프 여러분, 우리                   잘 부탁드려요~

간식 맛있게 드시고 힘내서 촬영하세요~

            배우가 쏘는 분식집 영업 중입니다. 어서 오세요~

4. 여러분이 서포트를 하게 되면 현수막에 어떤 문구를 넣고 싶어요? 여러분의 스타를
   응원하는 문구를 자유롭게 써 보세요.

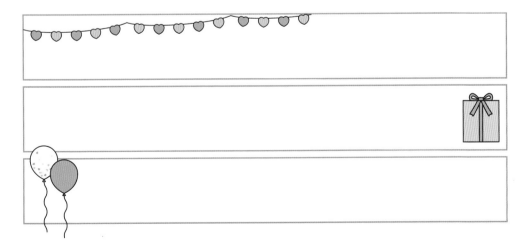

## 어휘

### 1. 다음 어휘의 뜻을 사전에서 찾아 써 보세요.

| 어휘 | 뜻 | 어휘 | 뜻 |
|---|---|---|---|
| 날짜 | | 정도 | |
| 닭꼬치 | | 정확하다 | |
| 떡볶이 | | 커피차 | |
| 문의하다 | | 촬영장 | |
| 분식차 | | 추로스 | |
| 서포트 | | 튀김 | |
| 순대 | | 핫도그 | |
| 와플 | | 꼬치 어묵 | |
| 인원 | | 알려 드리다 | |
| 장소 | | | |

### 2. 다음 중 알맞은 어휘를 골라 문장을 완성해 보세요.

| 정도 | 와플 | 촬영장 | 일정 | 매니저 |
|---|---|---|---|---|

1) 내가 좋아하는 배우가 나오는 드라마 _____ 에 커피차를 보냈어요.

2) 소속사에 이메일을 보내서 _____ 의 휴대폰 번호를 문의했어요.

3) 간식을 200개 _____ 준비했는데, 스태프들이 아주 좋아했어요.

4) 서포트 _____ 은/는 다음 주 토요일로 정해졌어요.

5) 바쁠 때는 간단하게 먹을 수 있는 추로스나 _____ 이/가 인기 있어요.

3. 커피차나 분식차 업체에서 올리는 서포트 후기예요. 빈칸에 들어갈 어휘를 골라 아래에
   써 보세요.

| 인원 | 핫도그 | 서포트 장소 | 메뉴 | 날짜 |
|------|--------|-------------|------|------|

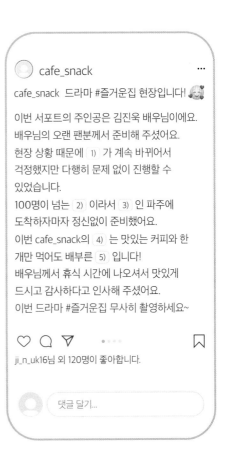

cafe_snack

cafe_snack  드라마 #즐거운집 현장입니다! 🙆‍♀️

이번 서포트의 주인공은 김진욱 배우님이에요.
배우님의 오랜 팬분께서 준비해 주셨어요.
현장 상황 때문에 ①  가 계속 바뀌어서
걱정했지만 다행히 문제 없이 진행할 수
있었습니다.
100명이 넘는 ②  이라서 ③  인 파주에
도착하자마자 정신없이 준비했어요.
이번 cafe_snack의 ④  는 맛있는 커피와 한
개만 먹어도 배부른 ⑤  입니다!
배우님께서 휴식 시간에 나오셔서 맛있게
드시고 감사하다고 인사해 주셨어요.
이번 드라마 #즐거운집 무사히 촬영하세요~

♡ ○ ▽                          ⬜

ji_n_uk16님 외 120명이 좋아합니다.

댓글 달기...

1) _____          4) _____

2) _____          5) _____

3) _____

# 덕질 가이드 커피차 & 분식차로 서포트하기

연예인 서포트 중에서 가장 많이 이루어지는 것이 바로 현장에 음식이나 음료를 만드는 차를 보내는 거예요. 대부분 팬 카페에서 준비하게 되지만 서로 친한 연예인들끼리 주고받기도 하고 제작사나 지인이 보내는 경우도 많아요. 보통 드라마나 영화 촬영장에 들어가게 되는데 촬영이 긴 시간 동안 이루어지기 때문에 스태프들에게 무척 반가운 서포트라고 할 수 있습니다.

기본적으로 많이 하는 것이 커피차이고 거기에 추로스나 쿠키 등의 간단한 간식을 추가하기도 해요. 촬영이 늦은 밤까지 있거나 식사 시간이 아닌 경우에는 핫도그, 어묵, 떡볶이, 순대 등 분식을 전담하는 푸드 트럭으로 진행할 수 있어요. 가끔 더 든든하게 서포트하려고 밥차를 할 때도 있는데, 요즘에는 다양한 작품의 촬영이 가능한 전문 세트장이 많이 생기면서 식당도 갖추어져 있는 경우가 많아 커피차와 분식차만으로도 충분하답니다.

어떤 커피차나 분식차로 정해야 할지 잘 모를 때는 인스타그램을 활용하는 것이 가장 좋아요. 인스타그램에 #커피차 #분식차 #연예인서포트 등으로 검색하면 수많은 업체의 계정이 올라와 있어요. 그중에서 알려진 작품이나 배우들의 서포트를 많이 진행한 사진들이 있는 곳을 선택해서 문의하면 됩니다.

자, 지금 바로 여러분의 스타를 위한 커피차나 분식차를 보내 보세요!

# 으쌰! 으쌰! 봉사 활동

## STEP 1 따뜻한 밥 한 끼 대접하기

1. 여러분의 스타를 서포트하기 위해 봉사 활동을 하기도 해요. 다음은 밥퍼 봉사 활동의
   과정인데요. 밥퍼 봉사가 어떻게 진행되는지 살펴보세요.

| 재료 다듬기 | → | 배식하기 | → | 설거지하기 | → | 청소하기 |

밥퍼란?

독거노인이나 어렵게 생활하는 노인분들께 점심을 드리는 활동이에요. 오전 9시에 시작해서 오후 2시 정도에
끝납니다. 노인분들이 식사하신 후에 봉사자들도 밥을 먹기 때문에 다른 봉사보다 시간이 좀 더 걸려요. 주로
단체나 가족이 와서 봉사 활동을 하지만 개인 봉사도 가능합니다.
밥퍼나눔운동본부 홈페이지: https://dail.org/business_domestic_01

2. 밥퍼 봉사에서는 노인분들이 드실 음식을 직접 준비해야 돼요. 어떻게 준비하면
   되는지 알맞은 그림과 연결해 보세요.

| 1 밥을 짓다 | 2 껍질을 까다 | 3 채소를 씻다 | 4 채소를 썰다 |

**STEP 2** 사랑의 빵 만들기

1. 봉사 활동 중에는 빵을 만들어서 전달하는 것도 있어요. 다음은 빵을 만드는 과정인데 빵 봉사가 어떻게 진행되는지 살펴보세요.

| 반죽하기 | ➡ | 모양 만들기 | ➡ | 굽기 | ➡ | 포장하기 |

> **빵 봉사란?**
> 대한적십자사의 지역별 봉사관에서 제빵 전문가의 도움을 받아 직접 빵을 만든 후에 생활이 어려운 노인분들이나 아이들에게 전달하는 봉사 활동이에요. 3~4시간 정도 걸리고 오전, 오후 선택이 가능하지만 15~20명의 단체 봉사만 신청할 수 있어요.
> 대한적십자사 홈페이지: https://redcross.or.kr/main/main.do

2. 빵 봉사에서는 다양한 빵을 만들 수 있는데요. 그중에서도 노인분들이나 아이들이 먹기 좋은 빵이 인기 있어요. 어떤 빵들이 있는지 알맞은 그림과 연결해 보세요.

① 단팥빵　　② 머핀　　③ 소보로빵　　④ 찹쌀 파이

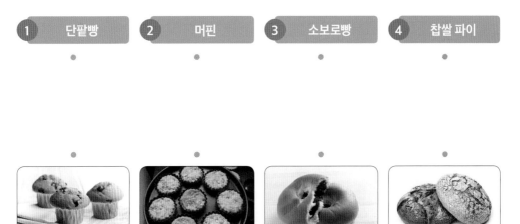

**겨울 봉사의 꽃! 연탄 나르기**

1. 겨울에는 연탄을 전달하는 봉사 활동도 있어요. 다음은 연탄 봉사 활동의 모습이에요.
   연탄 봉사가 어떻게 진행되는지 살펴보세요.

| 연탄을 들다 | → | 연탄을 나르다 | → | 연탄을 쌓다 |

연탄 나눔 운동이란?

우리 사회의 어려운 이웃들이 따뜻한 겨울을 보낼 수 있게 그들에게 연탄을 지원해 드리는 활동이에요.
매년 10월부터 다음 해 2월까지 진행되고 오전 9시에 시작해서 세 시간 정도 봉사합니다. 보통 단체가
대부분이지만 개인 봉사도 가능해요.
사랑의 연탄나눔운동 홈페이지: https://lovecoal.org/
밥상공동체 연탄은행 홈페이지: https://www.babsang.or.kr/

2. 연탄 봉사를 할 때 필요한 준비물이 있어요. 알맞은 그림과 연결해 보세요.

| 1 연탄 | 2 목장갑 | 3 앞치마 | 4 팔 토시 |

1. 나에게 맞는 봉사 활동을 찾아보세요.    Yes ➡    No ➡

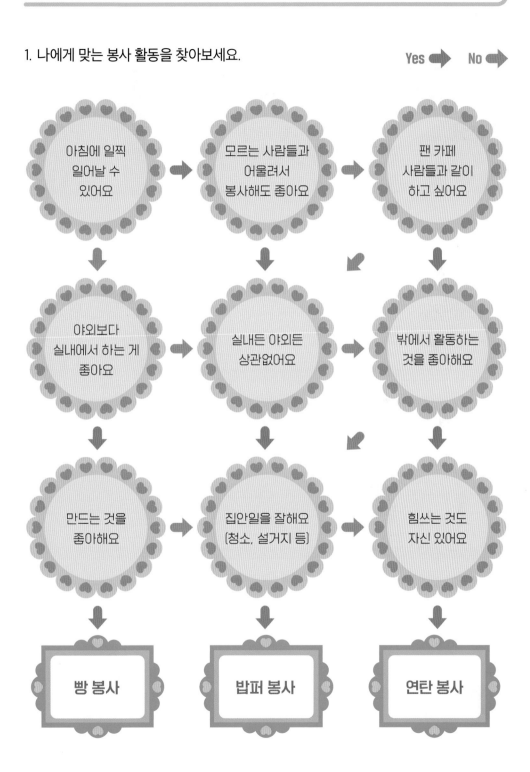

2. 봉사 활동에 맞는 문구를 넣어 현수막을 예쁘게 꾸며 보세요.

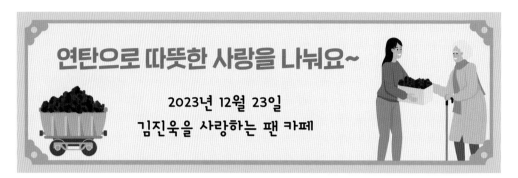

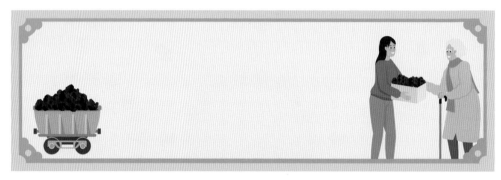

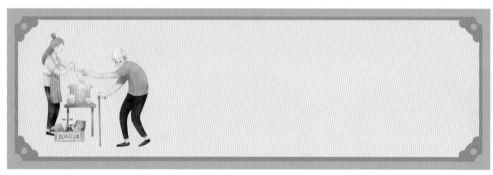

## 어휘

1. 다음 어휘의 뜻을 사전에서 찾아 써 보세요.

| 어휘 | 뜻 | 어휘 | 뜻 |
|------|-----|------|-----|
| 굽기 | | 포장하기 | |
| 다듬기 | | 껍질을 까다 | |
| 단팥빵 | | 모양 만들기 | |
| 머핀 | | 밥을 짓다 | |
| 목장갑 | | 연탄을 나르다 | |
| 반죽하기 | | 연탄을 들다 | |
| 배식하기 | | 연탄을 쌓다 | |
| 설거지하기 | | 찹쌀 파이 | |
| 소보로빵 | | 채소를 썰다 | |
| 앞치마 | | 채소를 씻다 | |
| 재료 | | 팔 토시 | |
| 청소하기 | | | |

2. 다음 중 알맞은 어휘를 골라 문장을 완성해 보세요.

| 앞치마 | 단팥빵 | 껍질 | 팔 토시 | 설거지 |
|--------|--------|------|---------|--------|

1) 연탄 봉사를 할 때는 팔이 더러워질 수도 있으니             을/를 해야 돼요.

2) 식당에서 음식을 먹을 때 옷에 튀지 않게           을/를 했어요.

3) 식사가 끝나면 깨끗하게         을/를 해요.

4) 양파         을/를 깔 때 매워서 눈물이 났어요.

5) 빵 봉사에서 팥이 들어간          이/가 가장 인기 있어요.

## 3. 가로, 세로에 맞는 어휘를 넣어 보세요.

| | 2) | | | 6) |
|---|---|---|---|---|
| | 1) | | | |
| 4) | | | | |
| | | | 5) | |
| 3) | | 8) | | |
| | | 7) | | |
| | | | | |

| 가로 → | 세로 ↑ |
|---|---|
| 1) 빵의 위쪽을 울퉁불퉁한 모양으로 만든 빵 | 2) 더러운 곳을 깨끗하게 하는 것 |
| 3) 요리할 수 있도록 재료의 필요 없는 부분을 버리는 것 | 4) 물건을 옮기다 예) 연탄을 ○○○ |
| 5) 음식을 불에 익히는 것 | 6) 봉사 단체에서 사람들에게 식사를 나누어 주는 것 |
| 7) 물건을 비닐이나 종이로 싸는 것 | 8) 일할 때 손에 끼는 장갑 |

최근에는 대부분의 팬덤에서 봉사 활동을 진행하고 있어서 인기 있는 봉사는 3~4개월 전에 신청해 놓지 않으면 예약이 안 될 때도 많아요. 특히 연탄 봉사는 다른 봉사와 달리 11월~2월 사이의 겨울에만 가능하고, 스타가 함께 참여하는 경우도 많아 빨리 신청해야 돼요. 이 외에도 반려견을 키우는 스타의 팬들은 유기견 보호소에 가서 유기견 산책이나 청소 등을 하기도 합니다.

봉사 활동에는 기부를 함께해야 참여가 가능한 경우도 있어요. 연탄 봉사는 먼저 연탄을 구매하고, 구매한 연탄만큼 직접 나르는 활동이에요. 한 집에 연탄이 200장씩 들어가기 때문에 참여 인원에 따라 적게는 600장, 많게는 1,000장 이상 기부하게 된답니다.

빵 봉사 역시 봉사관 장소 사용료와 재료비를 포함해서 50만 원의 돈을 내야 빵을 만들 수 있어요. 그래서 혼자 봉사 활동을 하고 싶어도 쉽지가 않죠. 하지만 밥퍼나 유기견 봉사 등은 혼자나 2~3명으로도 가능하니까 도전해 보세요.

## 15과 🗨 기념일 축하! 축하!

**STEP 1** 화환으로 행사 빛내기

1. 스타의 행사를 축하하는 방법 중에는 화환을 보내는 것이 있어요. 화환을 어떻게 꾸밀
   수 있는지 살펴보세요.

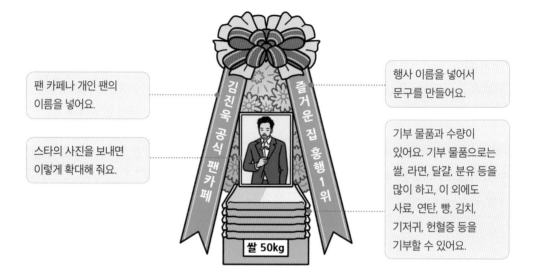

팬 카페나 개인 팬의
이름을 넣어요.

스타의 사진을 보내면
이렇게 확대해 줘요.

행사 이름을 넣어서
문구를 만들어요.

기부 물품과 수량이
있어요. 기부 물품으로는
쌀, 라면, 달걀, 분유 등을
많이 하고, 이 외에도
사료, 연탄, 빵, 김치,
기저귀, 헌혈증 등을
기부할 수 있어요.

> 연예인들의 대규모 행사(제작 발표회, 팬 미팅, 뮤지컬, 쇼케이스 등)를 축하하기 위한 화환은 팬 카페나 개인
> 팬이 준비하게 되는데, 행사가 끝나면 해당 연예인의 이름으로 물품이 기부돼요. 내가 좋아하는 스타와 함께
> 기부를 실천한다는 의미도 있고, 스타와 팬덤의 이미지도 좋게 할 수 있기 때문에 인기가 많아요.

2. 위에서 제시한 기부 물품 외에 또 어떤 것을 화환으로 보낼 수 있을까요? 여러분의
   다양한 아이디어를 써 보세요.

**공개적인 광고로 축하하기**

1. 지하철 광고는 스타의 기념일을 많은 사람에게 공개적으로 알리고 축하할 수 있는
   방법이에요. 지하철에서는 어느 곳에 광고를 할 수 있을지 살펴보세요.

지하철 역사 안의 통로
벽에 광고할 수 있어요.

통로

스크린 도어

지하철 승강장에
지하철이 오면 자동으로
열리는 스크린 도어에도
광고할 수 있어요.

지하철 주요 역과
환승역에 있는 기둥에
광고하면 입체적으로 볼
수 있어요.

기둥

출구

지하철역 오르내리는
출구 계단이나
에스컬레이터 주변에
광고할 수 있어요.

> 지하철역 중에서 인기 있는 장소는 2호선의 삼성, 강남, 홍대 입구, 합정 그리고 3호선의 압구정, 4호선의
> 명동 등이에요. 젊은 사람들이 즐겨 찾고, 오고 가는 사람이 많기 때문이에요. 그리고 요즘에는 소속사 근처의
> 지하철역에서도 많이 하고 있어요. 소속사에서 가까우면 내 스타가 인증 사진을 남기기도 좋아요

2. 여러분은 좋아하는 스타의 기념일을 어디에 광고하고 싶어요? 어떤 기념일에, 어디에
   광고하고 싶은지 써 보세요.

| 스타의 이름 | 축하하고 싶은 기념일 | 광고하고 싶은 곳 |
|---|---|---|
| 예시) 김진욱 | 데뷔 20주년 | 지하철 7호선 학동역 통로 |
| | | |

기부로 축하하기

1. 스타의 이름으로 기부를 하면서 기념일을 축하하는 것은 사회에 도움이 되는 좋은
   방법이에요. 여러분이 기부한 후원금이 어디에 쓰이면 좋을지 살펴보세요.

태풍이나 지진, 홍수 등으로 피해를 입은 곳에 기부할 수 있어요.

자연재해

독거노인

가족 없이 혼자 사는 노인들을 위해 기부할 수 있어요.

치료비나 수술비가 없어 힘들어하는 어린아이들을 도와줄 수 있어요.

소아암 환자

장애인

몸이 불편한 사람들을 위해 기부할 수 있어요.

　후원금을 기부할 수 있는 곳은 이 외에도 많이 있어요. 특히 '밥퍼(다일공동체), 연탄 봉사(사랑의 연탄나눔운동, 밥상공동체 연탄은행), 빵 봉사(대한적십자사)' 등에서는 봉사도 하고 후원금도 낼 수 있답니다. 봉사를 통해 어려운 이웃에게 따뜻한 마음을 전하고, 스타의 이름으로 기부도 할 수 있으니까 여러 가지로 기분 좋은 일이겠죠?

2. 여러분이 스타의 이름으로 후원금을 기부한다면 어떤 곳에 하고 싶어요? 기부하고
   싶은 곳을 찾아보고 어디에 사용되면 좋은지 써 보세요.

| 기부처 | 기부 대상 |
|---|---|
|  |  |

1. 여러분의 스타를 위해 어떤 기념일을 축하하고 싶어요? 축하하고 싶은 기념일을 골라서 □에 ∨ 해 보세요.

☐ 쇼케이스　　☐ 제작 발표회　　☐ 데뷔 기념일　　☐ 팬 미팅

☐ 콘서트　　☐ 뮤지컬 첫공, 막공　　☐ 생일　　☐ 기타 (　　　　)

2. 여러분이 스타의 기념일에 화환을 보낸다면 어떤 문구를 넣고 싶어요? 기념일에 맞게 문구를 써 보세요.

내 배우 꽃길만 걸어요

드라마 즐거운 집을 응원합니다

라면
500개

라면
500개

3. 후원금을 기부하면 기부처에서 기부 증서를 줘요. 이때 기부 증서를 스타의 이름으로
받을 수 있어요. 아래 빈칸을 채워서 여러분의 스타에게 줄 기부 증서를 만들어 보세요.

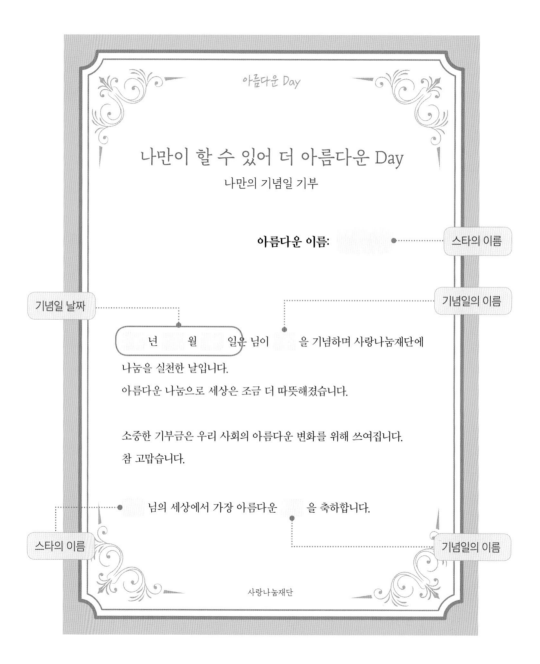

## 1. 다음 어휘의 뜻을 사전에서 찾아 써 보세요.

| 어휘 | 뜻 | 어휘 | 뜻 |
|---|---|---|---|
| 기둥 | | 장애인 | |
| 기부하다 | | 전시되다 | |
| 기부처 | | 지진 | |
| 기저귀 | | 출구 | |
| 달걀 | | 치료비 | |
| 독거노인 | | 태풍 | |
| 라면 | | 통로 | |
| 물품 | | 홍수 | |
| 분유 | | 화환 | |
| 사료 | | 환승역 | |
| 수술비 | | 헌혈증 | |
| 승강장 | | 후원금 | |
| 쌀 | | 기부 대상 | |
| 역사 | | 소아암 환자 | |
| 입체적으로 | | 스크린 도어 | |
| 자연재해 | | 제작 발표회 | |

## 2. 다음 중 알맞은 어휘를 골라 문장을 완성해 보세요.

| 후원금 | 제작 발표회 | 화환 | 물품 | 스크린 도어 |
|---|---|---|---|---|

1) 팬 미팅 때 쌀 _____ 을/를 준비해서 행사장 앞에 세워 놓았어요.

2) 이번에 지진이 난 곳으로 필요한 _____ 을/를 보내려고 해요.

3) 드라마 _____ 을/를 축하하기 위해 케이크와 꽃을 보냈어요.

4) 지하철 승강장 _____ 에 배우의 생일 축하 광고가 있어서 정말 기뻤어요.

5) 데뷔 20주년을 맞아 배우 이름으로 독거노인을 돕는 _____ 을/를 냈어요.

3. 다음은 기부 물품이에요. 빈칸에 들어갈 어휘를 골라 써 보세요.

라면　쌀　김치　분유　사료　빵　달걀　연탄　기저귀　헌혈증

1) 300개

2) 50캔

3) 1000개

4) 500kg

5) 600장

6) 200매

7) 30kg

8) 400개

9) 100kg

10) 916장

1)

2)

3)

4)

5)

6)

7)

8)

9)

10)

후원금 기부는 스타를 위해 할 수 있는 덕질 중에 가장 의미 있는 덕질이에요. 스타도 여기에 동참해 직접 선행을 베풀기도 하기 때문에 스타와 팬덤 모두에게 win-win이 되고 있습니다. 개인 팬이 혼자서 하기에는 아무래도 금액의 부담이 있어서 대부분 팬덤에서 진행하는 경우가 많아요. 하지만 오로지 자신의 스타를 빛내고 싶은 마음으로 1인 기부를 한다면 금액의 크고 작음을 떠나 대단한 일이라고 할 수 있겠죠?

보통 후원금의 액수는 내는 시기에 맞게 특별한 의미를 둬서 정하게 되는데요. 생년월일, 나이, 데뷔 ○○주년 등이 중요한 기준이 됩니다. 예를 들어, 81년 9월 16일생이면 819,160원을, 데뷔 20주년이면 2백만 원을 하는 거죠. 자신이 좋아하는 연예인의 이미지도 높이고, 도움이 필요한 곳에 선한 영향력을 전할 수 있는 팬 기부 문화. 여러분도 동참해 보실래요?

진혁 인사이드

선한 영향력이 세상 곳곳에 닿아 희망이 되었습니다.

# 16과 나만의 굿즈를 만들어요

## STEP 1 다양한 굿즈의 세계로 들어가기

1. 부피가 커서 들고 다닐 수는 없지만 여러분 방에 꼭 두고 싶은 굿즈가 있죠? 방에 둘 수 있는 굿즈에는 어떤 것이 있는지 살펴보세요.

**내 방에 둘 수 있는 굿즈**

| 피규어 | 등신대 | 포스터 | 퍼즐 |

아이돌 굿즈는 대부분 소속사에서 운영하는 공식 온라인 매장이 있어서 다양한 품목의 굿즈를 살 수 있어요. 비공식적인 굿즈의 경우, 굿즈를 제작하는 업체에 사진 파일을 보내거나 본인이 직접 디자인해서 만들 수 있는데, 초상권 문제가 있기 때문에 개인 소장이나 무료 나눔만 가능하고 판매는 안 돼요.

2. 항상 가지고 다니면서 사용할 수 있는 굿즈에는 어떤 것이 있을까요? 알맞은 그림과 연결해 보세요.

| ① 배지 | ② 키링 | ③ 교통 카드 | ④ 이어폰 케이스 |

1. 촬영 현장이나 종방연에서 여러분의 스타를 위해 서포트 하는 경우가 있는데요. 그때
   스태프들에게도 굿즈를 선물할 수 있어요. 스태프들에게 인기 있는 굿즈에는 어떤 것이
   있는지 살펴보세요.

PART
**IV**

현장에 있다 보면 휴대폰
사용량이 많아서 충전이
필요해요.

보조 배터리

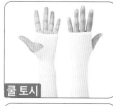

쿨 토시

여름에 야외 촬영할 때
쿨 토시를 사용하면
자외선을 차단하고 팔을
시원하게 해 줘요.

현장에 오래 있을 때는
실용적이고 편하게
사용할 수 있어서
좋아요.

칫솔&치약

수건

수건에 작품 이름으로
문구를 넣으면 기념도
되고 오래 사용할 수
있어요.

촬영 현장이나 종방연에는 적게는 7~80명, 많게는 200명 가까이 있기 때문에 스태프를 위한 기념품까지
준비하는 건 쉽지 않죠. 굿즈에 작품명과 스타의 이름을 넣어서 스태프들에게 나눠 주면 기억에 남는 큰
선물이 되긴 하지만 커피차에서 준비할 수 있는 쿠키나 컵 과일 등으로 대신해도 충분해요.

2. 내 스타를 위한 서포트 때 스태프들에게는 어떤 굿즈를 선물하고 싶어요? 주고 싶은
   굿즈를 자유롭게 써 보세요.

**굿즈 제작부터 완성까지 경험하기**

1. 굿즈를 만들려면 어떻게 해야 할까요? 굿즈 제작 과정을 살펴보세요.

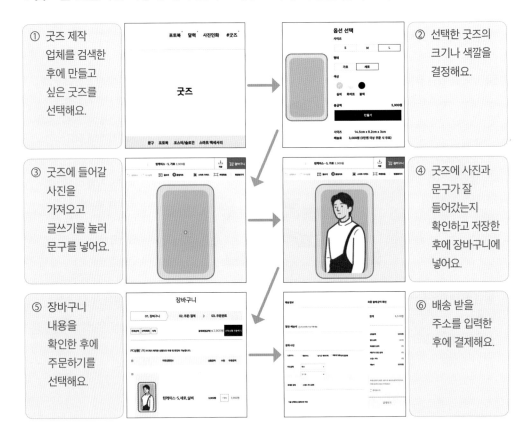

① 굿즈 제작 업체를 검색한 후에 만들고 싶은 굿즈를 선택해요.

② 선택한 굿즈의 크기나 색깔을 결정해요.

③ 굿즈에 들어갈 사진을 가져오고 글쓰기를 눌러 문구를 넣어요.

④ 굿즈에 사진과 문구가 잘 들어갔는지 확인하고 저장한 후에 장바구니에 넣어요.

⑤ 장바구니 내용을 확인한 후에 주문하기를 선택해요.

⑥ 배송 받을 주소를 입력한 후에 결제해요.

2. 굿즈를 제작하는 업체가 많은데요. 어떤 업체에 어떤 굿즈가 인기 있는지 찾아보세요.

| 굿즈 제작 업체 | 인기 있는 굿즈 |
|---|---|
|  |  |

**과제** 나만의 독특한 굿즈 만들기

1. 지금부터 나만의 독특한 굿즈를 만들려고 해요. 먼저 만들고 싶은 굿즈 품목을 써 보세요.

| 스타의 이름 | 만들고 싶은 굿즈 |
|---|---|
|  |  |

2. 만들고 싶은 굿즈를 제작할 업체를 써 보세요.

| 굿즈 제작 업체<br>(          ) | 홈페이지 주소 |  |
|---|---|---|
|  | 굿즈 제작 업체의<br>스마트폰 앱 | ☐ 있다          ☐ 없다 |

3. 굿즈를 제작하기 전에 크기나 색깔, 수량 등 선택 사항을 써 보세요.

| 만들고 싶은 굿즈 | 굿즈 선택 사항 |
|---|---|
|  |  |

4. 굿즈에 들어갈 사진을 골라 보세요. 그리고 어떤 사진인지 설명해 보세요.

5. 굿즈에 함께 넣을 문구를 써 보세요.

6. 굿즈 제작이 끝났으면 이제 주문해 보세요.

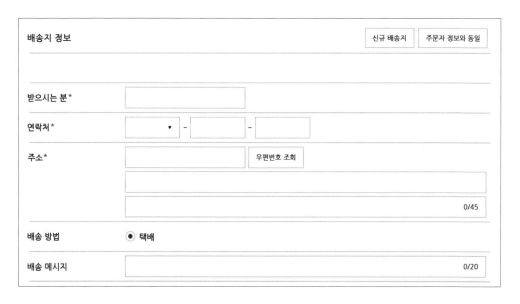

## 어휘

1. 다음 어휘의 뜻을 사전에서 찾아 써 보세요.

| 어휘 | 뜻 | 어휘 | 뜻 |
|---|---|---|---|
| 검색하다 | | 충전 | |
| 글쓰기 | | 치약 | |
| 배지 | | 칫솔 | |
| 수건 | | 키링 | |
| 실용적이다 | | 포스터 | |
| 업체 | | 퍼즐 | |
| 자외선 | | 피규어 | |
| 장바구니 | | 교통 카드 | |
| 저장 | | 보조 배터리 | |
| 제작 | | 이어폰 케이스 | |
| 차단하다 | | 쿨 토시 | |

2. 다음 중 알맞은 어휘를 골라 문장을 완성해 보세요.

| 제작 | 충전 | 피규어 | 쿨 토시 | 자외선 |
|---|---|---|---|---|

1) 배우가 요즘 골프를 치러 많이 다니기 때문에          차단에 효과적인 선크림을 선물했어요.

2) 여름에는 야외 촬영 현장이 무척 더우니까 선물로          이/가 좋아요.

3) 야외에서 촬영할 때는 휴대폰          때문에 보조 배터리가 필요해요.

4) 배우가 출연한 작품의 인물로          을/를 만들었는데 20개가 넘네요.

5) 굿즈          을/를 하다가 컴퓨터가 갑자기 꺼져서 다시 만들어야 해요.

3. 굿즈를 만드는 순서예요. 빈칸에 들어갈 어휘를 골라 아래에 써 보세요.

| 글쓰기 | 검색 | 장바구니 | 선택 사항 | 저장 |

굿즈 제작 업체를 ① 한다.

⬇

만들고 싶은 굿즈의 ② 을 결정한다.

⬇

굿즈에 들어갈 사진을 선택한다.

⬇

③ 로 들어가서 넣고 싶은 문구를 쓴다.

⬇

굿즈를 다 완성하면 ④ 한다.

⬇

저장한 굿즈를 ⑤ 에 넣은 후에 주문한다.

1)

2)

3)

4)

5)

## 덕질 가이드 | 내 손으로 만드는 굿즈

Part
IV

한국에서 굿즈의 시작은 언제부터일까요? 대부분 1990년대 후반부터 2000년대 초반의 아이돌 팬덤에서 시작됐다고 생각하겠지만 사실 1980년대에도 굿즈가 있었답니다. 당시에 학교 앞 문구점에는 연예인의 사진을 코팅한 책받침이 정말 인기였어요. 누구의 사진이 가장 많은가로 인기의 정도를 알 수 있었죠. 세계 3대 미녀라고 불렸던 브룩 쉴즈(Brooke Shields), 피비 케이츠(Phoebe Cates), 소피 마르소(Sophie Marceau)를 비롯해서 주윤발(Chow Yun Fat), 장국영(Leslie Cheung), 왕조현(Wong Joey) 등은 외국 배우 중에서 최고였답니다.

오랜 시간을 지나 우리는 지금 다양한 굿즈의 세계에 살고 있어요. 그런데 아이돌 팬덤에 맞춰진 똑같은 굿즈도 좋지만 내 손으로 직접 만든 굿즈는 이 세상에 하나밖에 없다는 점에서 더 특별한 것 같아요. 달력, 시집, 포토북 등은 직접 만들어서 스타에게 선물하기도 좋으니 스타 하나, 나 하나 나눠 가질 수도 있겠죠? 생각만 해도 설레는 나만의 굿즈. 지금 바로 만들어 봐요.

## PART I 팬 카페 활동 완전 정복

### 1과 가입부터 등업까지

**STEP 3**

2.
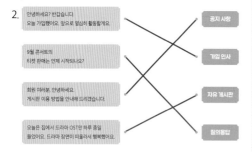

**어휘**

2. 1) 등급이, 2) 게시판, 3) 응원, 4) 가입을, 5) 출석
3. 1) 공지 사항, 2) 한 줄 응원, 3) 질의응답, 4) 등업,
   5) 닉네임

### 2과 공지 사항 이해 완료

**STEP 1**

2. ②

**과제**

2. 1) ③, 2) ④, 3) ①, 4) ②

**어휘**

2. 1) 참여해, 2) 작성한, 3) 선택해, 4) 결정됐습니다,
   5) 진행합니다
3. 1) 슬로건, 2) 프로필, 3) 출처, 4) 출근길, 5) 퇴근길

### 3과 게시판마다 발 도장 쾅!

**STEP 2**

2. 1) ②, 2) ④, 3) ①, 4) ③

**어휘**

2. 1) 계기가, 2) 최애, 3) 감상을, 4) 라이브, 5) 말머리를
3. 1) 우연히, 2) 팬이 됐어요, 3) 드디어, 4) 촬영지,
   5) 응원하겠습니다

### 4과 나는 댓글 왕

**STEP 2**

2. 1) ①, 2) ③, 3) ②, 4) ④

**어휘**

2. 1) 기념해서, 2) 달았으면, 3) 부탁했어요,
   4) 공감했어요, 5) 그렇겠지만
3. 1) 부러워요, 2) 참여, 3) 추첨해서, 4) 환영합니다,
   5) 당첨되신

**5과  내 스타의 소속사는 어디?**

**STEP 2**

2.
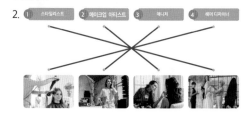

**어휘**

2. 1) 소속사가, 2) 뉴스를, 3) 연혁을, 4) 스타일리스트가,
   5) 스태프로

3. 1) 시청, 2) 전속, 3) 종료, 4) 만료, 5) 재계약, 6) 지원

**6과  사랑 가득 팬레터를 보내요**

**어휘**

2. 1) 기억하고, 2) 안부가, 3) 세상, 4) 음반,
   5) 챙기세요

3. 1) 진심으로, 2) 날씨, 3) 걱정, 4) 마음, 5) 사고,
   6) 제 자리

**7과  제 선물 전해 주실 거죠?**

**STEP 1**

2.
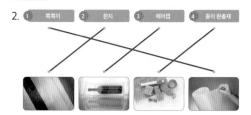

**어휘**

2. 1) 홍삼을, 2) 향수를, 3) 꿀을, 4) 골프공, 5) 뽁뽁이로

3.

| | | | | 내 | |
|한|지| | | | |
|우| |골|프|용|품|
| |화| | |물| |
|송|장| | | | |
| |품| |견|과|류| |
|보| | | |일| |
|디|퓨|저| | | |

**8과  소속사의 SNS 활동**

**STEP 3**

2. 1) X, 2) O, 3) X, 4) O

**어휘**

2. 1) 공식, 2) 신고를, 3) 알림이, 4) 셀카를, 5) 쪽지를

3. 1) 당첨, 2) 경품, 3) 개인 정보, 4) 랜덤, 5) 양도

## PART III 행사는 갈까 말까 고민 말고 가자!

### 9과 생일 카페에서 즐기는 하루

**어휘**

2. 1) 방문한, 2) 빌렸어요, 3) 알차게, 4) 꾸며서, 5) 나눠
3. 1) 풍선, 2) 가랜드, 3) 액자, 4) 등신대, 5) 배너

### 10과 무대 인사에서 스타의 실물을 본다면?

**STEP 2**

2. ③ → ① → ②

**과제**

1. 1) 메가박스 코엑스 → CGV 용산아이파크몰

2)

| 시간 | 장소 | 이동 수단 | 무대 인사 | 기타 |
|---|---|---|---|---|
| 12:30-13:10 | 집 → CGV 왕십리 | 2호선 | | |
| 13:10-13:35 | CGV 왕십리 | | 13:20 7관<br>13:25 2관 | |
| 13:35-13:55 | CGV 왕십리 → 메가박스 성수 | 2호선 | | |
| 13:55-14:15 | 메가박스 성수 | | | 간단히 점심 |
| 14:15-14:35 | 메가박스 성수 | | 14:20 2관<br>14:25 1관 | |
| 14:35-14:50 | 메가박스 성수 → 롯데시네마 건대입구 | 2호선 | | |
| 14:50-15:10 | 롯데시네마 건대입구 | | | 커피 한 잔 |
| 15:10-15:50 | 롯데시네마 건대입구 | | 15:15 2관<br>15:30 1관 | |
| 15:50-16:10 | 롯데시네마 건대입구 → 롯데시네마 월드타워 | 2호선 | | |
| 16:10-17:10 | 롯데시네마 월드타워 | | 16:15 13관<br>16:35 4관<br>16:50 13관 | |
| 17:10-17:25 | 롯데시네마 월드타워 → 메가박스 코엑스 | 2호선 | | |
| 17:25-18:30 | 메가박스 코엑스 | | 17:35 8관<br>17:55 10관<br>18:10 8관 | |
| 18:30-19:10 | 메가박스 코엑스 → CGV 용산아이파크몰 | 2호선,<br>9호선,<br>1호선 | | |
| 19:10-20:10 | CGV 용산아이파크몰 | | 19:25 15관<br>19:35 13관<br>19:50 15관 | |

**어휘**

2. 1) 개봉, 2) 결제했어요, 3) 종영, 4) 예매하세요, 5) 이동할
3. 1) 입장하다, 2) 퇴장하다, 3) 눈 맞춤, 4) 악수를 하다,
   5) 전하다

### 11과 팬 미팅에서 만나요!

**어휘**

2. 1) 응원봉을, 2) 지켰어요, 3) 올라간, 4) 추천해,
   5) 복장으로
3. 1) 무대, 2) 프로그램, 3) 용기를 내서, 4) 배웅해,
   5) 흔들어 주셔서

### 12과 콘서트 100배 즐기는 방법

**STEP 3**

2.

**어휘**

2. 1) 선예매, 2) 우편으로, 3) 감동을 받아서, 4) 외치기,
   5) 떼창을
3. 1) 현장, 2) 신분증, 3) 확인서, 4) 예매처,
   5) 줄을 서 주세요

## 13과 어디든지 달려가는 커피차 & 분식차

### STEP 3

2.

| 서포트 업체의 질문 | 팬의 대답 |
| --- | --- |
| 일정이 나왔나요? | 100명 정도가 될 것 같아요. |
| 인원은 몇 명인가요? | 경기도 파주입니다. |
| 메뉴는 어떤 걸로 하시겠어요? | 9월 16일이에요. |
| 장소는 어디인가요? | 커피차 B세트로 할게요. |

### 과제

1. 커피차, 분식차
2. 간식 - 핫도그, 닭꼬치, 추로스, 와플
   분식 - 꼬치 어묵, 튀김, 떡볶이, 순대

### 어휘

2. 1) 촬영장, 2) 매니저, 3) 정도, 4) 일정은, 5) 와플이
3. 1) 날짜, 2) 인원, 3) 서포트 장소, 4) 메뉴, 5) 핫도그

## 14과 으쌰! 으쌰! 봉사 활동

### STEP 1

2.

| 1 밥을 짓다 | 2 껍질을 까다 | 3 채소를 씻다 | 4 채소를 썰다 |
| --- | --- | --- | --- |

### STEP 2

2.
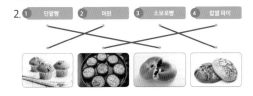

| 1 단팥빵 | 2 머핀 | 3 소보로빵 | 4 찹쌀 파이 |
| --- | --- | --- | --- |

### STEP 3

2.
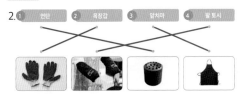

| 1 연탄 | 2 목장갑 | 3 앞치마 | 4 팔 토시 |
| --- | --- | --- | --- |

---

2. 1) 팔 토시를, 2) 앞치마를, 3) 설거지를, 4) 껍질을,
   5) 단팥빵이
3.

| | ²청 | | | | | ³배 |
| --- | --- | --- | --- | --- | --- | --- |
| | ⁴소 | 보 | 로 | 빵 | | 식 |
| ⁵나 | | | | | | 하 |
| 르 | | | | | ⁶굽 | 기 |
| ⁷다 | 듬 | 기 | | ⁸목 | | |
| | | | ⁹포 | 장 | 하 | 기 |
| | | | | 갑 | | |

## 15과 기념일 축하! 축하!

### 어휘

2. 1) 화환을, 2) 물품을, 3) 제작 발표회를,
   4) 스크린 도어, 5) 후원금을
3. 1) 달걀, 2) 분유, 3) 라면, 4) 쌀, 5) 연탄, 6) 기저귀,
   7) 김치, 8) 빵, 9) 사료, 10) 헌혈증

## 16과 나만의 굿즈를 만들어요

### STEP 1

2.
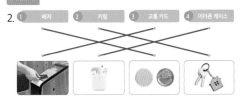

| 1 배지 | 2 키링 | 3 교통 카드 | 4 이어폰 케이스 |
| --- | --- | --- | --- |

### 어휘

2. 1) 자외선, 2) 쿨 토시가, 3) 충전, 4) 피규어를, 5) 제작을
3. 1) 검색 2) 선택 사항 3) 글쓰기 4) 저장 5) 장바구니

# 어휘 색인

초판인쇄 2024년 1월 26일
초판발행 2024년 2월 2일

**저자** 박혜경, 김경지
**편집** 김아영, 권이준
**펴낸이** 엄태상
**디자인** 정다운(더블디앤스튜디오)
**조판** 정다운(더블디앤스튜디오)
**콘텐츠 제작** 김선웅, 조현준, 장형진
**마케팅본부** 이승욱, 왕성석, 노원준, 조성민, 이선민
**경영기획** 조성근, 최성훈, 김다미, 최수진, 오희연
**물류** 정종진, 윤덕현, 신승진, 구윤주

**펴낸곳** 한글파크
**주소** 서울시 종로구 자하문로 300 시사빌딩
**주문 및 교재 문의** 1588-1582
**팩스** 0502-989-9592
**홈페이지** http://www.sisabooks.com
**이메일** book_korean@sisadream.com
**등록일자** 2000년 8월 17일
**등록번호** 제300-2014-90호

ISBN 979-11-6734-045-0 13710